통일은
체제의
선택이다

이기우

지음

통일은
체제의
선택이다

들어가며

근현대사를 보면 많은 국가들이 흥망성쇠를 거듭했다. 어떤 국가가 흥하고 어떤 국가가 망했는지 역사가 이미 그 답을 내놓았다. 한 국가의 흥망성쇠를 결정짓는 것은 국가의 정체성인 '정치체제'에 달려있다. 하나는 자유민주주의 체제이고, 다른 하나는 전체주의 체제이다. 전자는 개인의 자유와 권리를 최대한 보장하는 대신 국가권력은 필요한 적정 수준으로 유지하는 체제를 말한다. 반면, 후자는 개인보다 집단의 이익을 위하여 국가권력이 개인의 모든 영역에 전면적인 통제를 가하는 체제를 말한다.

20세기는 전체주의 국가들의 등장과 소멸의 시간이었다고 해도 과언이 아니다. 19세기 이후 지나친 자유주의에 대한 반작용으로 등장한 국가주도의 전체주의는 파시즘 이탈리아, 나치 독일, 제국주의 일본, 공산주의 소련이 대표적인 국가들이다. 이들은 이상사회 건설을 그럴듯한 이데올로기로 포장하여 국민을 동원하고 주변국들과 전쟁을 일삼았다. 결국, 제

2차 세계대전 종전으로 이들 국가 대부분이 패망했다. 그중 공산주의 소련이 유일하게 남아 상당 기간 미국과 냉전체제를 유지했다.

　우리 대한민국은 2차 세계대전 이후 독립한 피폐한 신생국 중 하나였다. 그런데도 짧은 기간에 산업화와 민주화를 모두 이뤄낸 모범국가가 되었다. 그렇게 된 데에는 자유민주주의 시장경제 체제의 선택이 주효했다. 반면, 북한은 사회주의 계획경제를 채택하여 인민의 자유와 삶을 희생하면서 군사 대국화와 독재체제유지에 집중했다. 북한 주체사상연구소장 고(故) 황장엽 씨는 "우리(북한)는 1945년 해방을 맞이하여 어느 길을 갈 것인가 하는 문제에 직면하였다. 북한은 소련식 사회주의를 따라갔고, 남한은 미국과 함께 자본주의적 민주주의를 따라갔다. 그 결과 남과 북은 천양지차(天壤之差)로 갈라지게 되었다."라고 증언한 바 있다.[1] 아직도 북한은 역사의 유물(遺物)인 공산주의 체제를 고수하고 있다.

　자유민주주의와 시장경제 체제는 개인의 자유가 보장되고 사유재산이 인정된다. 이 때문에 국민 개개인은 적극적이고, 창의적이어서 사회는 활기차고 경제는 발전하게 된다. 그러나 전체주의와 계획경제 체제는 개인보다 전체가 우선이기 때문에 인간의 본능인 이기심을 도외시함으로써

---

1) 황장엽,『북한 민주화와 민주주의적 전략』, 서울: 시대정신, 2008, p.5.

동기부여가 되지 않아 발전이 어렵다. 그뿐만 아니라 체제는 결국 사람의 인성(人性)에도 영향을 미치게 된다. 개개인이 인격체로서 인정받지 못하고 전체의 일부분에 불과한 전체주의 사회에서는 책임의식, 정직성, 신뢰 등 공동체가 요구하는 윤리의식이 희박하게 된다.

저자는 태어나보니 자유민주주의 대한민국의 아들이었다. 그래서 오늘의 번영과 자유를 누리고 살고 있다. 그러나 북한에서 태어났다면 지금쯤 어떤 삶을 살고 있을까. 상상하기조차 힘들다. 이것이 싫든 좋든 우리 민족의 현실이다. 그러나 단일민족이 분단국가로 영속되지는 않을 것이다. 특히 최근 한반도 내외 정세 변화는 통일이 어느 날 갑자기 올 가능성도 있어 보인다.

그 첫째 이유로 북한이 이미 핵보유국 반열에 올랐다는 것이다. 북한이 핵으로 남한을 공격하는 것에 대한 여부를 떠나 핵 보유 자체만으로도 남북한 세력균형이 깨지는 것이다. 둘째, 미·중 패권경쟁의 격화가 한반도 통일에도 영향을 미친다는 것이다. 분단도 그랬듯, 통일도 강대국의 국가이익과 연결되어 있어서 미·중 양 강대국은 패권경쟁의 종속변수로 한반도 통일 문제를 고려할 가능성이 있다. 마지막으로 한국 국내 정치적 상황이 진보세력이 득세함으로 통일 논의가 활발해질 가능성이 크고, 그럴 경우 북한 노선에 동조할 개연성이 있다는 것이다. 특히, 가장 우려되는 것은 민족을 앞세워 체제문제를 경시할 가능성에 있다. 이러한 변화된 요인들이 종전의 통일 패러다임(Paradigm)을 바꿔 놓고 있다.

북한은 공산당 당규(黨規)와 헌법(憲法)에 남한을 제국주의로부터 해방하여 사회주의 혁명을 완성해야 한다고 명시하고 있다. 즉, 남한을 적화통일하겠다는 의도에 변화가 없다. 북한 체제는 여느 공산주의 국가들과 다른 독특한 집단이다. 공산주의 원조인 구소련과 중국과 달리 3대째 부자(父子)세습을 하는, 현대사에서 유례를 찾아볼 수가 없는 왕조(王朝) 공산국가이다. 여기에 북한의 비핵화, 개혁개방, 나아가 통일의 장애 요인들이 모두 내재되어 있다.

절대권력과 핵무기를 가진 북한 당국이 통일을 기도한다면 남한의 경제력을 손아귀에 넣는 소위 '남한흡수통일'을 꾀할지도 모른다. 체제의 중요성에 대한 인식이 부족한 우리 젊은 세대들이 대한민국의 주역으로 등장할 미래에 '핵무기 북한과 경제력 남한'이 통일하는 방안에 쉽게 동조할 가능성을 우려하지 않을 수 없다. 이렇게 되면, 통일 이후 전체주의적 요소가 남한까지 확대되어 그간 우리가 누려온 자유와 민주주의, 그리고 경제적 번영과 개개인의 재산권을 상당 부분 포기하고 살아가게 될 것이다. 이러한 우려가 이 글을 쓰게 한 근원적 동기이다.

이 책은 정치학이나 북한학을 전공하지 않은 일반인들을 독자로 염두에 두고 썼다. 특히 젊은 세대들에게 근대사에서 전체주의가 끼친 영향에 대해 경각심을 주고, 오늘날 우리나라가 있기까지의 역사를 되돌아보면서 대한민국에 대한 자부심과 자유민주주의 체제에 대한 귀중함을 상기시키고 싶었다. 민족의 염원인 통일 문제를 두고 선택의 갈림길에 섰을 때 오판하여 역사적인 과오를 남겨서는 절대 안 되기 때문이다. 우리의 자식과 손주들도 자유와 인권이 보장되고, 풍요로운 삶을 누릴 수 있는 이 땅에서 영원히 살아가기를 소망한다.

이 책의 내용 중 인권과 헌법 규정에 대해 김석태 경북대 명예교수님의 도움이 컸고, 이 책을 기꺼이 출판해주신 한국학술정보 채종준 대표이사님과 김채은님 외 편집진에게 감사의 말씀을 드린다.

2020. 02. 20. 북한산 자락에서

이 기 우

목 차

제1부

정치 상식 용어 정리

흔히 인간을 만물의 영장이라고 한다. 이는 인간이 영(靈)적인 존재로서 양심과 종교심, 사상과 이념을 사유(思惟)하는 유일한 동물이기 때문이다. 인간만이 자유, 평등, 박애 등의 이상적인 사상을 추구한다. 한편, 인간은 사회적 동물이다. 그래서 인간은 서로 어울려 산다. 그 삶의 영역은 가정, 사회, 국가에 이른다. 이러한 영적이고 사회적인 동물인 인간은 자신이 속해 있는 공동체의 정체성에 대한 인식과 믿음을 갖게 된다. 이를 이념(理念)이라고 하고, 이념이 일정 시간을 거치면서 내면화된 세계관을 사상(思想)이라고 한다. 이러한 개인의 이념이나 사상이 결국 집단이나 국가의 지배의 유형인 체제(體制)를 결정하는 중요한 요소로 작용한다. 왜냐하면, 인간은 자기가 신봉하는 사상이나 이념의 지배를 받기 때문이다. 이러한 범주에 속하는 용어들을 정리해본다.

1. 개인(個人), 국가(國家)

'개인'(個人)은 인격체로서 한 사람의 인간을 말한다. 개인이 독립적인 인격체로 인정받기 시작한 것은 인류 역사상 오래되지 않았다. 16세기경 봉건왕조가 허물어지고 종교개혁이 일어나면서부터다. 인간이 본격적으로 자유라는 가치를 알게 된 것은 중세 암흑시대를 벗어나 계몽운동이 일어나기 시작한 18세기경이다. 그 이전의 인간은 지금과 같이 인격이 부여된 개인이 아니라 농노 또는 하인의 신분으로서 단순 노동력을 제공하는 도구일 뿐, 인격체로 인정받지 못했다. 이후 18세기에 이르러 유럽에서 '인간은 태어나면서부터 자유롭고 평등한 인격을 가질 권리'가 있다는 천부인권설(天賦人權說)이 대두되었고, 이를 시작으로 본격적으로 개개인이 인격체로 인정받기 시작했다. 천부인권설은 하늘이 내린 권리로서 누구도 침해할 수 없는 권리로 간주하였다. 프랑스의 계몽사상가 루소(Jean-jacques Rousseau)를 중심으로 한 자연법이론이 그 중심에 있었다.[2]

그러나 개인에 부여된 자유와 권리를 무분별하게 행사하면 방종과 무질서한 상황으로 갈등과 분쟁이 생기게 마련이다.

---

2) 자연법사상에서는 천부인권설(天賦人權說)에 근거하여 인간은 각각 이성을 가진 주체로, 기존의 군주와 관계인 군신(君臣)관계를 부정하고 인간 대(對) 인간의 관계로 설정해야 한다고 주장한다.

이를 사전에 방지하고 사후적으로 조정할 기구의 필요성에서 공동체인 '국가'(國家)를 만들게 되었다.3) 즉 개인에게 부여된 자유와 권리를 일부 양보하여 국가에 위임하고, 필요할 때 국가가 갈등을 조정 통제할 수 있도록 권한을 맡기게 된 것이 근대국가 탄생의 기원이다. 17~18세기 로크(John Locke), 홉스 (Thomas Hobbes) 등이 국가의 필요성을 주장한 대표적인 사상가들이다. 특히 홉스는 이를 국가계약설로 설명하고 있다. 이렇듯 국가는 개인의 자유와 권리를 온전하게 보장하고 유지하는 역할에서부터 출발했다. 그래서 오늘에 이르기까지 모든 국가는 개인의 자유와 권리를 보호하기 위해 국가의 필요성을 인정하는 한편, 과도한 국가권력 행사를 경계해야 하는 딜레마에 놓여 있다. 왜냐하면, 국가는 권력을 독점적으로 사용할 수 있는 존재이기 때문이다. 국가가 개인의 영역에 어느 정도 관여하고 통제하느냐가 정치체제를 결정하게 된다.

---

3) 국가의 필요성은 16세기 이후 홉스(Thomas Hobbes), 루소(Jean-jacques Rousseau) 등 정치 사상가들이 개인의 자유가 제대로 보장되기 위해서는 개인의 자유와 권리 일부를 국가에 양도해야 한다고 주장하면서부터다. 특히 홉스는 자유와 권리가 부여된 개인을 '자연상태'(State of Nature)로 놓아두면 점차 갈등과 마찰을 빚게 되어 '만인의 만인에 대한 투쟁' 상태로 가게 되어 강력한 국가인 '리바이던'(Leviathan)이 필요하다고 했다.

2. 정치체제(體制)

'체제'란 한 국가에서 국민을 규율하는 제도를 말한다. 즉 국민 개인의 삶과 질을 결정하는 가장 본질적인 요소로써, 이는 한 국가의 정치·경제의 운용방식을 말한다. 특히 정치체제(Political Regime)는 사상체계가 반영된 국가 또는 정부의 권력과 다스림의 구조를 의미한다.[4] 따라서 체제는 근대 국민국가(Nation State)가 형성되면서 본격적으로 논의되기 시작한 것이다. 한 국가의 정치체제는 역사적·문화적·사회적 상황이 반영된 산물이기 때문에 여러 형태의 체제가 존재할 수 있다. 그러나 오늘날 대표적인 체제로는 자유민주주의체제와 전체주의로 대별해서 논의되고 있다.

전체주의와 자유민주주의 체제 구분의 핵심은 개인과 국가 간의 관계의 정도에서 찾아야 한다. 근대국가 탄생 이후 누구나 국가의 구성원이 된 이상, 국가는 제도나 규율로 통치하며 그 강도가 어느 정도이냐에 따라 체제가 구분될 수 있다. 전체주의는 집단의 목적을 위해 개인의 자유가 무시되고 심지어 희생되는 사회를 말한다. 자유민주주의는 국가의 권력을 최소한으로 머물게 하면서 개인의 자유와 권리를 최대한 보장하는 사회라고 할 수 있다. 체제에 대한 상세한 내용

---

4) 노재봉(외), 『정치학적 대화』, 서울: 성신여자대학교 출판부, 2015, p.83.

은 후술하기로 한다.

3. 국민(國民), 시민(市民), 인민(人民), 공민 (公民)

'국민'(國民)은 국가의 구성원으로서 영토, 주권과 함께 국가의 기본적인 요소의 하나다. 즉 국민이라는 개념은 근대국가 출현과 함께 생겨난 용어다. 그 이전 봉건 왕조시대는 국민 개념은 없었고 단지 개인은 신민(臣民)의 지위에 머물러 백성, 인민 등으로 불렸다. 우리나라에서 국민이라는 용어가 처음 등장하기 시작한 것은 일제 독립선언서 등에서 언급되면서부터이다. 18세기 이래 유럽에서 먼저 정착된 근대국가에서 사용된 'Nation'의 개념이 국민의 개념으로 번역되어 도입되었던 것으로 보인다. 그 후 근대국가인 대한민국이 건국되면서 정치적 함의를 띤 용어로 사용되기 시작했고, 지금은 대한민국의 국가적 정당성을 뒷받침하는 법적인 개념으로 되어있다.

'시민'(市民)의 개념은 자율성과 참여 등의 의미를 내포하고 있어 국민이나 인민의 개념보다 광범위하고 그 역사도 깊다. 그리스 도시국가인 폴리스의 구성원을 시민 개념의 기원으로 볼 수 있다. 당시 시민은 자유민으로서 경제활동을 자유롭게 하거나 일정한 공직에 참여하는 포괄적 의미로 사용되었다. 이후 현대에 이르기까지 시민의 개념은 공동체 구성원으로서 가장 일반적으로 사용되고 있다. 근대국가 출현 이후 행정 도시를 기준으로 한 개인에 대한 호칭, 개인의 자유 허용에 따른 상업 활동에 종사하는 사람, 그리고 정치적 권리를 행사하는 주체로서의 의미 등 다양하게 사용되고 있다. 시민의 개념이 정치사회적으로 함의를 갖게 한 사건은 프랑스혁명이었다. 오늘날 시민의 개념은 다원주의적 자유민주주의 체제 아래에서 시민사회의 등장과 함께 주목을 받고 있다. 정치권력으로부터 독립된 공동체에서 건전하고 중립적인 견제 또는 촉진자로서 시민의 역할을 말한다.

'인민'(人民)이라는 개념은 현재 북한이나 중국 등 사회주의 국가에서 주로 사용되고 있다. 그러나 인민은 우리나라에서도 조선시대 이후 사회구성원 일반을 지칭하는 개념으로 사용되었다. 그런데 20세기 들어 사회주의 등 전체주의 등장으로 이데올로기적5) 의미를 부여한 개념으로 다소 국한되어

---

5) 이데올로기(Ideology)는 개인이나 집단의 사고방식 또는 성향으로 특정한 목표를 달성하도록 행동하게 하는 정치적인 감정 또는 생각을 말한다. 사회적 질서와 가치에 대한 개인이나 집단의 사고와 사상이다. 이데올로기라는 용어는 1796년 프랑스의 철학자 트라시(Destutt de Tracy)가 처음 사용했다.

사용되고 있다. 현재 남한에서 사용되는 국민의 개념이 북한에서는 인민으로 대등하게 사용되고 있다. 그래서 국민과 인민의 개념은 정치적 정체성과 깊게 연계되고, 정착되어 있어 남북한 모두 상호배타적으로 사용되고 있다. 북한에서 인민은 기층민적인 속성과 인간평등 정서가 함축되어있는 용어로 사용되고 있다. 일반적으로 인민은 영어의 **People**에 해당하는 것으로 평민, 대중 또는 민중과 유사하게 사용되기도 한다. 그러나 사회주의자들은 인민의 개념을 정치적인 의미를 부여해 피지배적 상태에 있는 계급의 의미를 담아, 계급투쟁을 통해 혁명을 수행할 주체로 설정하였다. 즉, 인민을 국민의 개념과 구별하여 피지배계급임을 부각하여 정치적으로 이용하기 위함이다.

'공민'(公民)의 보편적 의미는 국가 혹은 지방자치단체의 정치에 참여할 자격을 갖는 국민을 말한다. 그래서 공민의 권리는 참정권으로 이해되기도 한다. 공민의 개념은 시민의 개념과 유사한 측면이 있으나, 시민은 '국가로부터 자유'를 의미한다면 공민은 '국가 내에서의 자유'를 의미한다고 할 수 있다. 공민 역시 인민과 마찬가지로 중국과 북한과 같은 사회주의 국가에서 주로 사용되고 있는 이유는 이들 나라에서 국가가 요구하고 필요로 하는 일정한 성향과 자격을 갖춘 제한된 인민을 의미하기 때문이다. 즉, 인민의 자유와 권리 등을 부여하는 대상으로서 공민의 개념을 사용하고 있다. 이들 나라에서는 현실적으로 인민과 공민을 혼용하고 있으나, 인민은 그 대상이 체제가 요구하는 사람 모두를 의미하는 데 반해, 공민은 그중에서도 제한적이고 정치적·법적인 필요에 따라 사용되는 용어이다.

4. 진보(進步), 보수(保守)

인류의 역사는 하루도 쉬지 않고 변한다. 급변하는 세상의 변화를 어떻게 주도하고, 어떻게 받아들이느냐 하는 가치판단과 접근법에 따라 '진보'(Liberal)와 '보수'(Conservative)의 개념으로 구분된다. 이는 인류 역사의 발전을 바라보는 가장 기본적인 담론(談論)이다. 진보는 미래의 이상적인 사회를 꿈꾸며 현실을 자유분방하고 과감하게 '바꿔 나가는' 것에 가치와 의미를 부여하는 이념이다. 그중 과격한 진보적 발상은 혁명을 통해서 인류 역사를 바꿔야 한다고 주장하기도 한다. 이에 반해 보수는 과거로부터 전해 내려오는 전통, 역사, 제도, 관행 등을 '지켜나가는' 것에 가치를 부여하면서 현실의 문제를 점진적으로 고쳐 나가자는 이념이다. 보수와 진보의 이념은 19세기 영국의 사상가 밀(John S. Mill)과 독일의 마르크스(Karl H. Marx) 이후 더욱 체계화되었다.

 진보의 신념은 미래가 좀 더 개선될 수 있을 것이라는 믿음이다. 이는 인간이 합리적이라는 전제와 인류의 역사가 일시적으로는 후퇴하기도 하지만, 반드시 발전한다는 신념에서 출발한다. 이러한 신념은 주관적 희망뿐만 아니라 합리적인 지식과 과학적 역사 인식을 바탕으로 하고 있다. 진보 사상은 정치권력의 단기적인 변동에서부터 장기적이고 근본적인 사회경제적 변화를 포괄한다. 나아가 진보의 신념에 가치체계까지 함축되면 인간 사회는 정의롭고 자유로워지며, 더욱 평등하고 안정될 것이라고 믿는다. 진보 이념을 낙관적으로 '전진'과 '발전'의 개념으로만 이해하려는 발상에 대해 하위징아(Johan Huizinga)와 같은 역사가는 "진보는 매우 모호한 개념이다. 자기가 가는 길을 조금만 더 가면 다리가 무너졌는지 땅이 갈라졌는지도 모르는 사람에겐 말이다."라고 우려하기도 했다. 진보의 신념도 시대 상황에 따라 변해왔다. 특히 2차 대전 이후 진보의 가치는 경제학자들 중심으로 확산했다. 이들은 선진국은 지속적인 '경제성장'으로, 저개발국은 '경제개발'로 진보의 이념을 '발전'의 관점에 집중하였다.

 보수 이념이 체계화된 것은 18세기 영국의 정치인 버크

(Edmund Burke) 이후라는 것이 일반적인 인식이다. 그는 인류 역사와 문명은 점진적으로 발전되어 나아가야 한다고 주장한다. 그의 저서 『프랑스혁명에 관한 성찰』(Reflections on the Revolution in France)에서 그는 영국이 먼저 걸어온 온건한 혁명을 따르지 않은 과격한 프랑스혁명에 대해 매우 비판적인 입장을 보였다. 당시 영국은 절대왕정으로부터 개인의 자유와 민주주의에 대한 의식을 점진적으로 확대하던 시기였다. 그의 정치 발전관은 왕정을 안정적으로 유지하되, 왕으로부터 이양받은 권력을 국민의 대표 기구인 의회(議會)를 통해 민주주의를 점차 발전시켜 결국 개인의 자유와 권리보장을 넓혀 가야 한다는 것이었다. 그에 반해, 프랑스혁명은 젊은이들의 집단 이성에 매몰되어 급진적이고 폭력적이었기 때문에 실패할 것이라고 주장했다.

한편, 오늘날 일반적인 보수주의 이념은 헌팅턴(S. P. Huntington)의 설명에 비교적 상세히 나타나 있다. ① 인간은 종교적 동물이다. ② 인간은 불평등하다. ③ 인간은 이성적이면서도 감정적이다. ④ 공동체는 개인보다 우월하다. ⑤ 사회는 점진적 역사적 과정을 통하여 성장한 유기체다. ⑥ 현재의 해악을 고치려는 기도는 대개 더 큰 해악을 초래한다. 오늘날 현실 정치 과정에서 나타나는 이념의 차이는 보수의 정치체제가 권위주의적이면서 '성장'과 '효율성'이 강조되는 데 반해, 진보는 시민 참여적이며 '분배', '평등', '복지' 등의 가치로 나타난다.

5. 좌익(左翼), 우익(右翼)

'좌익'(좌파) 또는 '우익'(우파)이라는 개념은 1789년 프랑스혁명 이후부터 자리 잡기 시작했다. 프랑스혁명 직후 소집된 국민의회에서 의장석을 기준으로 오른쪽에 왕당파가 앉고 왼쪽에 공화파가 앉은 것이 명칭의 유래이다. 그 이후 좌파는 정치적으로 급진적이고 혁신적인 의미로 사용되었고, 우파는 정치적으로 점진적 보수적인 정파로 인식해 왔다. 그래서 좌파는 진보와 우파는 보수와 일정 부분 맥이 맞닿아 있다고 보고 있다. 그러나 좌파를 진보, 우파를 보수와 동일 시 하는 것은 잘못된 것이다. 좌우 개념은 이념적 색채가 강한 정치적 노선을 의미하는 데 반해, 진보와 보수는 사회발전의 속도 등 방법을 의미한다. 즉 우파적 이념에도 진보적 접근이 있을 수 있고, 좌파적 이념에서도 보수적 접근이 있는 것이다. 그래서 사회주의를 진보, 자유민주주의를 보수로 단순화하는 것은 지향하는 이념과 접근하는 방법론을 동일시한 오류다.

좌파와 우파는 결국 현실 정치에서 정책 노선으로 나타난다. 일반적으로 좌파는 국가의 역할을 강조하여 큰 정부를 지향하는 반면, 우파는 국가의 개입을 최소화하여 작은 정부를 지향하는 것이다. 경제정책에서 좌파는 시장에 대한 국가의 통제와 개입을 주장하지만, 우파는 시장원리에 따라 자유롭게 시장에 맡겨야 한다고 주장한다. 복지와 사회정책에서도 좌파는 평등과 분배와 복지에 중점을 두며, 우파는 경쟁원리에 입각한 성과주의 분배를 강조한다. 또한, 기업정책에서도 좌파는 국유기업과 공기업의 존재를 인정하고 확대할 필요성을 강조하지만, 우파는 이들의 민영화를 확대하고 민간기업이 주도해야 한다고 주장한다.

근래 자유민주주의 체제인 한국에서 좌파가 등장한 것은 1960~1970년대 산업화를 거쳐 민주화되는 과정에서 나타나기 시작하여 1970~1980년대 군부독재에 항거하는 운동권을 중심으로 마르크스 사회주의가 파고든 것이다. 그 후 1990년대 들어 동유럽의 붕괴로 좌파가 세력을 잃기는 했지만, 당시 운동권 학생과 민주화 세력들이 확산돼 사회 전반에 포진하면서 세력을 키워 왔다.[6]

---

6) 복거일·장원재 외, 『자유주의, 전체주의 그리고 예술』, 서울: 경덕출판사, 2007, 참조.

6. 시장경제, 계획경제

'시장경제'는 자본주의, '계획경제'는 사회주의 또는 공산주의 체제의 경제시스템을 일컫는다. 시장(市場)은 불특정 다수가 필요한 물건을 자유롭게 구매하고 팔 수도 있는 곳이다. 시장경제에서는 소비자들이 욕구를 충족시킬 상품의 종류와 양을 결정하여 소비하고, 기업은 최고의 이윤을 보장받도록 생산량을 결정하여 공급하는 자율적 메커니즘이 작동한다. 수요와 공급, 가격 결정의 원리가 작동되는 시스템이다.

시장경제는 자유주의와 함께 민주주의 발전의 원동력이기도 하다. 시장경제의 핵심은 선택할 자유에 있다. 수요자나 공급자 모두에게 그들의 자유의사에 의해 구매 여부와 공급량을 결정하게 된다. 시장의 자유가 발전하는 조건에서 시민적 자유가 발전되었고, 이어서 정치적 자유와 함께 민주주의가 성립되는 단계를 거쳤다.[7] 경제적 자유가 신장하면 거기에 따라 정치적 자유에 대한 욕구가 증대되어 민주주의가 발전되었다.

시장경제가 활성화되기 위해서는 첫째, 개인의 사리(私利) 추구를 인정해야 한다. 애덤 스미스(Adam Smith)도 그의 저

---

7) 민경국, 『자유민주주의란 무엇인가?』, 서울: 백년동안, 2015, 참조.

서 『국부론』에서 인간사회에서 질서를 유지하는 힘은 바로 '인간의 이기심'에 있다고 주장했다. 이기심이 '보이지 않는 손'으로 작동하여 자신의 이익이 걸려 있을 때 가장 능률적이고 합리적으로 일을 수행하여 사회 전체적인 이익에 부합한다고 주장한다. 둘째, 사유재산권이 보장되어야 한다.[8] 아리스토텔레스의 "우리 모두는 타인들과의 공동소유물보다 자기 자신의 개인소유물에 더 많은 관심을 두는 것이 일반적이다."라는 2천 년 전 주장은 현재도 유효하다. 왜냐하면, 인간은 기본적으로 이기적인 동물이기 때문이다. 따라서 사유재산권 인정이 시장경제의 출발점이다.

자유주의 이념에 바탕을 둔 경제체제를 옹호한 대표적인 학자는 오스트리아의 하이에크(Friedrich V. Hayek)를 들 수 있다. 그는 『예종의 길』(The Road to Serfdom)에서 나치 독일과 소련과 같은 전체주의 국가가 개인의 자유를 말살하고 집산주의(Collectivism) 경제체제로 지향하는 것에 대해 우려하면서, 자유주의 사상에 바탕을 둔 자본주의가 중앙계획경제체제의 문제점을 극복할 수 있다고 주장했다.

---

8) 16세기 영국에서 사유재산에 대한 인식을 지니게 한 사회적 현상은 지주들이 종전의 곡물생산에서 양모생산으로 바뀌면서 목장에 울타리를 치기 시작한 '엔클로저 운동'(Enclosure Movement)에서부터 시작되었다.

한편, '계획경제'는 사회주의 국가의 경제정책으로 정부가 국가의 모든 자원을 소유하고, 생산과 분배를 중앙정부의 계획 아래에서 이뤄지는 시스템을 말한다. 계획경제는 누가, 무엇을, 어디서, 얼만큼, 어떻게 생산할 것인가를 미리 정하는 것이다. 그리고 이를 필요한 만큼 분배한다는 방식이다. 인간의 판단이 합리적이고 정확할 것이라는 전제에서 출발한다. 이는 19세기 후반 독일 마르크스가 자본주의의 문제점을 지적하면서 사회주의의 경제 운용방식으로 주장한 것이며, 1917년 볼셰비키 혁명을 통해 소련을 탄생시킨 이념이기도 하다.

중앙계획경제 아래 소련은 레닌과 스탈린의 통치 기간을 거치면서 중앙공산당이 통제하고 관리하는 '5개년 계획'을 3차례나 추진해 한때는 중공업을 중심으로 생산성이 향상되고, 농업부문에서도 집단농장을 확대해 생산량이 증대되었다. 그러나 수요와 공급을 정확히 예측하기란 불가능했다. 중앙집권적 권위주의적 하향식(top-down) 의사결정과 경제운용으로 인해 현장에서의 중요한 의사결정을 회피하게 되고, 책임지지 않으려는 현상이 두드러지게 나타나 결국 생산성이 떨어지는 결과를 초래했다.

거기에다 공산당 간부와 일부 관리들만 특권을 누리고 호화 사치 생활을 영위하게 되자 일반 인민들은 노동 의욕마저 떨어지게 되었다. 결국은 국가 경제 전반에 효율성이 떨어지고 자원 낭비만 가져와 경제는 파탄의 길로 걷게 되었다. 소련식 사회주의 중앙계획경제는 실패로 끝났고, 사회주의 위성국가들인 동유럽권 국가들과 북한 경제에도 연쇄적으로 영향을 미쳤다. 이들 중 이미 시장경제체제로 경제정책을 전환한 국가들도 있고, 아직 체제전환의 길목에서 주저하고 있는 나라도 있다.

제2부

정치체제 일반론 개관

1. 자유민주주의

14세기 이후 르네상스와 종교개혁을 거치면서 인간은 서서히 자유정신을 깨닫기 시작했다. 하지만 상당 기간 대부분의 나라에서는 절대적 왕정체제였기 때문에 귀족 등 일부 특권층만이 인간적인 삶을 누렸고, 나머지 사람들은 인간적인 대접을 받지 못했다. 그러다 유럽을 중심으로 자영업자와 상업 종사자들이 하나둘씩 생기면서 이들을 중심으로 소위 부르주아 계급이 형성되었으며, 세금 문제 등을 이유로 봉건적 사회질서에 항거하기에 이르렀다. 이러한 움직임이 축적되고 결집해 시민혁명으로 이어졌고, 서구 시민혁명이 자유민주주의 발전을 추동하게 되었다.

17세기 이후 서구에서 일어난 크고 작은 시민혁명은 당시 왕정체제의 무제한 권력에 대한 저항 운동이었다. 인간이 하나의 개체로서 인격을 갖고 자유와 권리를 누려야 한다는 인식이 점차 확산하던 시기였다. 시민혁명은 왕정을 무너뜨리고 국민의 대표를 국정에 참여시키는 의회주의를 확립하여 시민이 국가의 주인이 되는 민주주의 정치형태를 태동시키고 발전시켰다. 인간의 자유와 평등, 주권재민의 이념들이 시민혁명을 거치면서 정치적으로 구현할 수 있게 되었다. 최초의 시민혁명은 1688년 영국의 명예혁명이라고 할 수 있다. 그 후 자유주의와 민주주의 이념이 1776년 미국 독립선언과 1789년 프랑스혁명에 영향을 미쳤다. 이러한 시민혁명과 산업혁명에 힘입은 영국, 미국, 프랑스 등은 근대화가 빠르게 진행될 수 있었다. 여기서 영국의 시민혁명과 프랑스혁명을 간단히 살펴보기로 한다.

1-1. 영국의 명예혁명

영국의 시민혁명은 1642년 청교도혁명과 1688년 명예혁명이 있다. 그중 시민혁명으로서 의미가 컸던 혁명은 명예혁명이라고 할 수 있다. 왜냐하면, 명예혁명을 기해 결정적으로 국왕으로부터 통치 권한의 상당 부분을 국민의 대표기관인 의회(議會)로 가져왔기 때문이다. 즉 왕정으로부터 의회주의가 기틀을 잡기 시작한 것이다. 영국의 명예혁명은 당대 사상가 로크(John Locke)의 영향을 많이 받았다. 그는 인간은 태어나면서부터 각자 생명, 자유, 재산권 등을 가지고 있어 이를 인정하고 보호해야 한다고 주장하는 한편, 합리주의와 자유주의 정신에 바탕을 둔 정부가 사회질서를 구축할 수 있다고 보았다. 영국의 명예혁명은 그 후 미국 독립혁명과 프랑스혁명을 유발(誘發)하는 데 결정적인 역할을 했다. 다만, 영국 혁명은 그들이 쌓아온 훌륭한 전통과 역사의 연속성을 어느 정도 유지하면서 점진적 변화를 추구한 혁명이었다. 이 점에서 과격하고 급진적이었던 프랑스혁명과는 차이가 있었다.

1-2. 프랑스 시민혁명

프랑스혁명은 1789년 절대왕정과 봉건제도에 완전히 타격을 입히고 인간의 자유와 평등사상을 일깨운 결정적 사변이었다. 이후 이들의 이념은 전 세계 인류 보편적인 가치로 파급되어 민주시민사회로 변화하는 데 결정적인 역할을 한다. 프랑스혁명이 영국의 명예혁명보다 급진적이고 과격한 시민혁명이었던 것은 당시 영국은 100여 년 전 이미 혁명을 거쳐 시민사회로 나아가고 있는 것에 비해 프랑스는 절대왕정이 유지되고 있었기 때문이다. 거기다 상공업이 상당 수준으로 발달해 부르주아 시민계층이 형성되어 있었다. 이러한 여건에서 관행적으로 내려오는 신분제도와 조세제도 등 '앙시앵레짐'(Ancient Regime)에 대한 불만이 누적되어 과격한 유혈혁명으로 전개되었다. 프랑스혁명에서 선포된 '인간과 시민의 권리선언'(Declaration of the Rights for Man and Citizen)에서 규정한 인간의 기본적인 권리들은 근현대 국가들의 헌법 등 성문법에 규정하고 있는 인간의 기본권의 전범(典範)이 되고 있다.

이러한 과정을 거쳐 온 자유민주주의는 자유라는 '가치'와 민주주의라는 '제도'가 결합한 정치 이념이다. 민주주의라는 용어는 다양하게 사용되고 있다.9) 자유민주주의는 자유주의의 가치를 실현하기 위해 민주주의를 통해 권력을 분산시키고 견제와 균형을 이루도록 하고 있다. 자유는 가치이고 민주주의는 이런 가치를 실현하는 제도인 것이다. 즉 다양한 계층의 자유로운 시민사회 구성원이 참여하고 동의하에 통치시스템을 결정하는 사회를 말한다. 자유민주주의는 다원주의적(Pluralism) 이념으로서, 인간의 가치와 욕구가 다양할 수밖에 없다는 것을 전제로 한다. 다양성, 자유성을 인정하는 자유민주주의는 사회 전반에 권력을 고루

---

9) 그중 '인민민주주의'는 민주주의를 표방하고 있으나 그 내용이 다르다. 사회주의 또는 공산주의에서 말하는 인민민주주의는 그들 체제에 순응하는 인민, 즉 '노동자, 농민, 군인, 근로인테리' 등이 주권을 행사하는 정치체제를 말한다.

분배하고, 상호 견제와 균형을 통해 다양한 집단이나 개인이 가치와 권력을 공유하게 하는 제도이다. 정치적 다원주의는 다당제, 자유공정 선거, 시민의 정치참여 기회제공, 언론의 자유, 종교와 집회의 자유, 자유시장경제, 사유재산권 등을 보장하는 정치제도이다.

민주주의는 집단적 의사결정 방법이며, 한 집단이 필요한 규칙을 제정하기 위해 다수가 참여해 결정하는 제도이다. 집단적 의사결정 방식으로서 민주주의에서 말하는 다수의 지배는 질(質)의 문제라기보다는 형식적인 숫자상 다수라는 의미이다. 이는 민주주의를 제대로 운용하지 않을 경우 독재체제나 전체주의로 흐를 위험성을 안고 있다. 나치의 히틀러도 투표를 통해 다수의 지지로 선출된 지도자였음은 이를 입증하는 것이다.

민주주의에서 다수의 횡포를 최소화하기 위해 등장한 정치 이념이 공화주의이다. 공화주의는 민주시민이 공익을 위하여 사익을 양보함으로써 공공선(公共善)을 추구하는 사상이다. 따라서 공화정은 공적인 가치를 우선하는 정치체제라고 할 수 있으며, 민주주의가 제대로 작동하기 위해 상대방 견해에 대한 이해와 포용, 그리고 다양성을 인정하고 타인

의 자유도 존중되는 '시민의 덕성'을 전제로 하고 있다. 프
랑스의 정치사상가 토크빌(Alexis d. Tocqueville)은 민주주의
에서도 중앙정부의 '다수에 의한 독재'(Tyranny of Majority)를
우려한 것은 공화주의를 염두에 둔 것이며, 이를 위해 시
민사회(Civil Society)와 지방자치의 역할을 강조했다.

2. 전체주의

전체주의(Totalitarianism)는 개인보다 사회와 국가를 우선시
하는 집단주의적 사상에서 출발한 정치체제이다. 전체주의
체제가 등장하게 된 배경은 18세기 이후 자유주의를 표방했
던 많은 나라들이 제1차 세계대전이 끝나면서 사회적인 혼란
에 빠진 데 있다. 무분별한 자유주의의 한계점을 극복하기
위해 여러 국가들이 국가주도의 권위주의적인 통치를 원했
다. 본격적인 전체주의 등장은 이탈리아 파시스트(Fascist) 무
솔리니의 통치 이후부터다. 전체주의라는 용어도 당시 무솔
리니에 저항했던 정치인 아멘돌라(Giovanni Amendola)가 처
음 사용했다. 전체주의는 공동체 내 다른 세력과 공존하기보
다는 사회 전체를 통제하는 독재체제로 세력을 유지한다.

전체주의는 인종, 민족, 계급과 같은 특정한 집단을 다른

집단과 차별화해 적대적인 관계로 맺어가는 집단주의로 나타
난다. 1917년 러시아 혁명은 '계급'을 앞세운 볼셰비키 혁명
을 통해 전체주의 국가의 틀을 구축했고, 독일 나치는 아리
아 '민족'을 내세운 전체주의 국가였다. 민족주의는 개인보다
집단을 우선시하는 경향이 있어 집단주의 속성을 내포하고
있다. 20세기 초 전 세계적인 대공황도 전체주의 출현에 한
몫했다. 당시 미국을 위시한 국가들의 경제생산량이 3분의 1
로 줄어들게 했다. 미국의 경우, 전체주의 체제는 아니지만,
대공황을 극복하기 위해 국가주도의 계획경제 정책을 확대해
나가기도 했다. 독일은 특히 패전 국가로 배상문제와 경제건
설을 위한 외국 차관 도입 및 상환 문제로 국가 재건에 어려
움을 겪고 있을 시기였다.

전체주의가 등장하게 된 배경을 사회심리적으로 접근한 이
론은 프롬(Erich Fromm)의 『자유로부터 도피』에서 찾을 수 있
다. 근대 이후 확산한 개인주의는 개인이 절대권력의 속박으
로부터 자유를 쟁취하긴 했지만, 이 무거운 짐을 이겨내지 못
하면 오히려 새로운 의존 상태나 복종을 추구하게 되고, 이러
한 심리가 나치즘과 파시즘 같은 전체주의 탄생의 온상이 된
다고 지적했다. 20세기 초 전체주의 등장은 개인들의 감당할
수 없는 자유가 가져온 고독과 불안이 누군가가 이끄는 강력

한 지도력에 의존하거나 거대 조직에 귀속되기를 원하는 아
이러니가 생기게 된 결과라는 것이다. 전체주의 옹호자들의
'자기 지배를 못 하는 사람은 강제로 자유롭게 해야 한다.'라
는 주장은 이 논리에 근거로 두고 있다고 할 수 있다.

그럼 전체주의 국가들의 특징은 무엇일까. 전체주의 속성을
이론적으로 정리한 프리드리히(Carl Friedrich)와 브레진스키
(Zbigniew Brzezinski)의 『전체주의 독재정치』에 나열된 6가지
특징은 ① 관제 이데올로기(Official ideology) ② 단일 대중
정당(A simple mass party) ③ 비밀경찰 등을 통한 물리적 또는
정신적 테러(Terroristic police control) ④ 당과 정부가 모든 대
중 선전수단 독점(Monopoly of all means of effective mass
communication) ⑤ 일체의 무력 수단 독점(Monopoly of all
means of effective armed combat) ⑥ 모든 경제의 중앙통제
(Central control and direction of entire economy)이다.[10] 전체주
의 독재체제는 혁명 과정에서 불가피했던 폭력[11]과 선전선

---

10) Carl J. Friedrich and Zbigniew K. Brzezinski, *Totalitarian Dictatorship
and Autocracy*, (New York: Frederick A. Paeger Inc. Publisher, 1961),
pp.9-10.
11) 프리드리히와 브레진스키에 의하면 전체주의 국가는 주로 혁명을
통해 탄생하기 때문에 기존 질서를 파괴하기 위해 폭력(Terror)을
사용하게 된다고 하고, "폭력은 전체주의 통치시스템에서 핵심적인
신경"(Totalitarian terror is, therefore, the vital nerve of the totalitarian
system)이라고 주장한다.

동이 긴밀히 연관될 때 지속된다고 지적했다. 특히 완전하게 독점하고 있는 매체를 통해 인민들을 세뇌하고 정신개조(精神改造)의 과정을 거쳐, '동일한 생각과 동일한 행동으로 훈련된' 전체주의 지지자들을 양산하여 독재체제 유지를 가능하게 만든다고 강조했다.

또한, 나치 히틀러의 폭정을 고발한 독일의 정치철학자 아렌트(Hannah Arendt)도 『전체주의 기원』에서 20세기 초반 이들 전체주의가 출몰하게 된 것은 '이데올로기와 선전의 결합'이 주된 원인이라고 분석했다. 그녀는 '폭력'(Terror)이 최고의 선전 심리전에 영향을 미치는 것으로 인식했다. 오웰(George Orwell)은 소설 『1984』에서 전체주의는 국민을 세뇌하기 위해 사실과 진실마저도 체제가 원하는 대로 얼마든지 왜곡·날조·수정하는 것으로 묘사하고 있다. 그 담당 국가기구 '진리성'(眞理省)은 시민들의 의식 구조를 바꾸고, 역사적인 사실마저도 '필요하다면 얼마든지 깨끗이 지우고 다시 쓰는' 일을 한다.[12)]

현실에서 전체주의는 반드시 독재체제 통치형태를 취한다. 히틀러, 스탈린, 모택동 등 전체주의자 그 누구도 처음 권력을 잡을 때 독재정치를 하겠다고 하지는 않았다. 다만 그들

---

12) George Orwell, 『1984』, New York: Penguin Group Inc., 1977, p.40.

은 평등과 복지를 약속했다. 그 평등은 국가권력과 정부에 의한 인위적인 평등을 말하고, 중앙정부가 보건, 복지, 교육, 직업, 식량 등 모든 것을 직접 조절한다면 누구나 정부 통제의 노예가 되는 것이다. 이는 국가와 정부의 권력 비대화를 초래하고 결국 자연스럽게 독재정치로 가는 길을 터는 것이다. 더욱이 공산주의 체제에서 필연적으로 나타나는 비효율성이 경제적 파탄으로 이어지면 국가권력은 더욱더 강하게 작동하게 될 것이다.

20세기 초반부터 등장한 이들 전체주의 국가들이 한때는 번영하는 듯했으나, 인류 역사에 불행을 남기고 역사 속으로 사라졌다. 그러나 아직도 일부 국가들이 전체주의 체제를 유지하면서 이상사회를 좇으며 개인의 자유와 권리를 희생시키는 독재정치를 하고 있다.

제3부

20세기 전체주의
출현과 소멸

전체주의는 앞에서도 언급했듯이 국민이 자신의 자유와 권리를 보호받기 위해 국가에 위임해준 범위를 훨씬 넘어서는 권력 행사가 이루어지는 통치형태를 말한다. 이는 전통적인 사회계약이 유명무실해지는 극단적인 국가주의로, 국민을 보호하는 것이 아니라 국민을 괴롭히는 수준을 말한다.[13] 전체주의에서는 개인보다 전체가 우선이고, 전체를 위한다는 명분으로 개인의 자유와 권리 침해가 상시로 일어난다. 20세기에 등장한 대표적인 전체주의는 이탈리아 파시즘(Fascism), 독일 나치즘(Nazism), 소련 공산주의(Communism), 그리고 뒤이은 중국, 북한 등이 여기에 포함되는 것에 대해 이론의 여지가 없다. 여기서는 인류 문명사에 크게 영향을 미친 나치 독일, 그리고 우리와도 직접적인 관련이 있는 소련, 중국, 북한의 공산주의 체제에 대해 개괄적으로 살펴보기로 한다.

---

13) 파시즘에 대한 오웰(George Orwell)의 정의이다.

1. 독일 나치즘

1-1. 히틀러의 나치즘과 선전선동

히틀러(Adolf Hitler) 정권의 등장 배경에는 독일이 1918년 11월 제1차 대전에서 패전으로 인한 피폐한 상황과 1919년 시대에 앞선 바이마르(Weimar) 공화국14)의 출범과 관계가 있다. 나치즘 등장의 또 다른 배경에는 당시 보수적 법사상가 슈미트(Carl Schmitt)의 주장이 크게 영향을 미쳤다. 그는 의회주의가 민족적인 신화보다 약하고, 국가의 모든 주권 활동은 공동체를 '친구와 적의 관계'로 설정한다고 보았다. 독일인들은 1차 대전 패전 이후 혼란기에 탄생한 바이마르공화국의 비현실적인 통치에 대한 불만, 거기다 경제적 시련까지 닥치자 우익으로 선회하게 되었다. 외적 요인으로는 1917년 러시아에서 10월 혁명이 성공하자 공산주의 침투에 대한 우려가 가중되어 강한 지도자로 인식된 히틀러가 이끄는 나치 정권을 지지하게 된 것이다. 1929년 세계 대공황은 그렇지 않아도 힘들게 전후 복구가 진행 중이던 독일을 더욱 치명적인 상황으로 몰고 갔다. 이러한 대내외적 여건들이 독일 국민들로 하여금 극우적이고 민족적인 나치당15)을 선택하게 했다.

---

14) 세계 1차 대전 패전 이후 독일에서 수립된 민주공화국으로서, 국민주권과 국민의 기본권을 보장한 민주적인 헌법을 채택하였다. 1919년에 수립되고 1933년 나치 정권에 의해 소멸된 공화국이다.

15) 나치당의 정식 명칭은 '국가 사회주의 독일 노동자당'(National Socialist

나치 독일의 통치 기제(機制)는 민족주의를 앞세운 '이데올로기'와 '선전선동'이었다. 독일의 민족주의는 1806년 프랑스 나폴레옹과의 전쟁에서 패한 독일(프로이센)이 위기에 처하자 피히테(Johann G. Fichte)는 '독일 국민에게 고함'에서 나타나기 시작했다. 나치 정권이 이데올로기로서 민족주의가 필요했던 것은 그 당시 영국과 프랑스가 이미 산업혁명으로 경제적인 번영을 누리고 민주주의 혁명으로 민주정치가 정착되어 가는 것에 반해, 뒤처진 독일로서는 차별화된 민족주의가 정치적으로 필요했다. 나치 독일의 지도자들은 종족적 민족주의를 교묘한 선전선동을 통해 독일 국민들을 세뇌해 하나로 뭉치게 했다.

다음으로, 나치 정권의 통치에서 히틀러와 괴벨스(Paul J. Goebbels)에 의한 선전선동을 빼놓을 수 없다. 히틀러는 『나의 투쟁』(Mein Kampf)에서 "대중들의 수용 능력은 매우 제한적이며 그들의 지능은 매우 낮다. 그들의 망각능력 또한 대단하다. 따라서 모든 효과적인 선전은 아주 간단한 핵심요소로 한정되어야 하며, 되풀이해야 한다."라고 주장했다. 또한, 그는 "선전은 전문가의 손에서 더 강력한 무기가 된다."라고 인식하고 선전전문가인 괴벨스를 나치당 선전장관으로 임명

German Workers Party)이다. 즉 나치당의 기본 노선은 전체주의적 사회주의였다.

했다.16) 괴벨스의 "언론은 정부의 손안에 피아노가 되어 연주되어야 한다."라는 말에 잘 나타나 있듯, 나치당의 선전은 단순히 대중에게 정보를 제공하는 임무를 넘어 흔들리는 국민의 영혼을 다루는 '정치적 예술'이었다. 특히 그는 대중 선전선동의 도구로 라디오를 중요하게 생각했다. 그는 방송국 네트워크를 장악하고 길거리와 광장에 '제국스피커'를 설치하고, 저렴한 수신 장치를 개발해 '국민수신기'로 대중들에게 판매하도록 했다. 나중에 독일 국민들은 이 라디오를 '괴벨스의 주둥이'라고 부르기도 했다.

1-2. 인류 문명사에 미친 영향

1-2-1. 전쟁

히틀러 나치 정권이 인류 역사에 끼친 첫 번째 해악은 전쟁이다. 1918년 1차 대전 패전의 치욕으로부터 독일을 구하고, 세계패권을 위해 히틀러는 1차 대전 때보다 훨씬 더 결연하게 전쟁 의지를 보였다. 나치 정권은 민족주의 도그마에서 민족 간 투쟁을 전쟁을 통해 해결하려고 했다. 그래서 히틀러 정권의 대국민 교육과 선전은 전쟁 정신을 고양하는 데

---

16) 괴벨스(Paul J. Goebbels)는 나치당 선전부장(1929년), 행정부 선전장관(1933년)으로 활동하면서 1930년부터 나치당의 당세 확장에 기여하고, 그 후 독일 국민들을 2차 대전에 동원하는 데 큰 역할을 했다. 그는 선전선동의 귀재로 평가받는 히틀러 정권의 1등 공신이었다.

집중되었다. 1938년 히틀러는 독일과 국경을 맞대고 있는 수데텐란트(Sudetenland) 지역의 독일인 자치권을 요구하면서 체코슬로바키아 병합을 1차 목표로 삼았다. 당시 영국 총리였던 체임벌린(Arthur N. Chamberlain)은 평화를 위한다는 명분으로 독일의 수데텐란트 지역의 자치권 요구를 받아들였다. 그 대신 히틀러에게 더 이상 영토 욕심이 없다는 공식 약속을 받아 냈다. 체임벌린은 협상을 마치고 영국에 돌아가 공항에서 '우리 시대의 평화'를 이룩했노라고 합의문을 자랑했다. 그러나 체임벌린이 합의해준 뮌헨 협상은 전쟁을 평화로 위장한 히틀러의 속임수에 불과했다.[17]

1939년 9월 1일 히틀러가 폴란드를 침공하면서 제2차 대전이 본격적으로 시작되었다. 제1차 대전과는 달리 전쟁 준비를 철저히 한 독일은 1940년 6월 덴마크, 노르웨이, 네덜란드, 벨기에, 프랑스까지 함락시켰다. 유럽 대륙에 이어 영국을 폭격해 큰 피해를 주었다. 그러나 영국의 저항이 만만치 않자, 1941년 6월 독일군은 '바르바로사'(Barbarossa) 작전명으로 소련을 침공하였다. 당시 독일은 소련과 불가침 조약을 맺고 있었으나 전쟁을 계속하기 위한 식량과 기름을 확보하

---

17) 체임벌린 협상의 결과는 상대편의 강경한 요구에 양보하면서 충돌을 피하고 긴장 완화를 도모하는 일종의 유화정책(Appeasement Policy)으로 평가할 수 있으나, 이 경우는 실패한 선택이었다.

기 위해 소련을 침공한 것이다. 그해 9월 우크라이나를 정복하고 동진을 계속해 모스크바 근처까지 진격했다. 그러나 겨울 추위와 장거리 보급선의 한계를 극복하지 못하고 수백만 명의 병사를 잃고 고전했다.

또한, 독일군은 러시아 남쪽 지방인 코카서스 지방의 유전(油田)을 확보하기 위해 스탈린그라드(Stalingrad)를 공격하기로 했다. 스탈린그라드는 러시아 남서부의 교통의 요지이며, 1925년 볼고그라드를 스탈린의 이름을 따서 개명할 정도로 중요한 거점 도시였다. 그래서 스탈린그라드에서 처절한 공방전이 일어났다. 1943년 2월 경의 스탈린그라드 전투에서 패배한 독일은 결국 패전국의 길에 들어서게 되었다. 반면, 소련은 2차 세계대전을 '위대한 대조국전쟁'으로 부르며 종전(終戰)에 결정적인 역할을 했다고 자랑스럽게 여겼다. 결국, 히틀러의 광기가 전쟁을 통해 또 다른 독재자 스탈린을 영웅으로 만들었다.

1-2-2. 대학살

히틀러 정권이 남긴 또 하나의 역사적 오점은 인간 대학살(Holocaust)이다. 나치 정권은 2차 세계대전 중 유대인, 슬라브족, 집시, 동성애자, 장애인 등 민간인을 무려 1,100

만 명을 학살했다고 알려졌다. 히틀러는 이상적인 민족공동체를 이루기 위해 그들의 기준에 부합하지 않다고 판단되는 인간들을 학살했다. 크게 분류하자면 인종적으로는 유대인을, 정치적으로는 볼셰비키 공산주의자들, 도덕적으로는 동성애자 등이 그 대상이었다. 그중 유대인인 학살자는 600만 명에 이른다. 이들은 당시 유럽 전역에 걸친 4만여 개의 집단 수용소에서 처형되었다. 독일에서 반유대주의(Anti-Semitism)의 뿌리는 깊다. 유대인에 대한 유럽 사회의 반감은 나치 독일이 집권하기 이전부터 널리 퍼져 있었다. 나치 독일이 반유대주의를 들고나온 직접적인 이유는 1차 대전 패배와 그 후 베르사유 조약에서 독일인들의 자존심이 크게 상했기 때문이다. 전쟁에서 패배한 것이 유대인들의 음모 때문이라는 것이다. 나치 정권의 탄생 배경의 일부가 그런 독일인들의 심리를 치유하기 위해서였고, 유대인은 희생양이었던 것이다. 거기에다 19세기 독일에서 일기 시작한 민족주의가 이를 부채질했다. 1920년대 설립한 나치당의 정강(政綱)에는 생물학적으로 우수한 아리안족이 세계를 지배하기 위해서 유대인을 없애야 한다는 주장이 채택되기도 했다.

2차 대전이 시작되면서 나치는 점령지역에 대규모 강제

수용소를 만들어 독일 내 유대인 수용소인 게토(Ghetto)에 살던 유대인을 가두기 시작했다. 1942년 폴란드 바르샤바 게토에서 생활하던 유대인 약 30만 명이 강제 수용소로 끌려간 것을 시작으로 유럽 내 유대인들은 게토에서 강제수용소로 옮겨졌다. 악명 높은 폴란드 남부 아우슈비츠(Auschwitz) 강제 수용소가 이때 만들어졌고, 그 후 홀로코스트가 본격적으로 이뤄졌다. 나치는 독일 내에는 유대인이 없는 지역으로 만들고자 했다. 1941년과 1942년 히틀러와 나치 지도부는 유대인을 '반드시 해결되어야 할' 문제로 정하고 유대인 멸종을 최종 해결책으로 결정했다. 나치 정권의 반유대주의 이데올로기와 선전선동에 세뇌된 독일인들은 정치인, 군인은 물론 일반 시민에 이르기까지 유대인 말살에 죄의식 없이 가담하게 되었다. 강제수용소에서의 유대인 학살은 주로 가스실에서 이뤄졌다. 하루에 9천 명을 가스로 살해한 아우슈비츠 수용소를 비롯해 강제수용소에서 사망한 유대인은 총 300만 명에 이른다고 한다.

2. 소련의 탄생과 해체, 그리고 다시 러시아

2-1. 볼셰비키 혁명과 공산주의 등장

전제군주정 러시아는 1917년 2월 혁명으로 304년 동안 유지되어 온 로마노프(Romanov) 왕조를 끝으로 멸망의 길을 걷게 되었다. 2월 혁명은 1차 세계대전으로 인한 경제 파탄과 그에 따른 국민들의 사기 저하가 직접적인 원인이었고, 결국 제정러시아에 대한 항거로 나타난 것이다. 2월 혁명으로 봉건적 왕조체제가 무너지고 민주주의로 첫발을 내딛는 듯 했으나, 그 해 또다시 일어난 10월 혁명에서 '모든 권력은 소비에트로'라는 '레닌의 4월 테제'를 외친 노동자와 병사들에 의해 공산주의로 바뀌었다.

1917년 10월 혁명을 주도한 레닌(Vladimir I. Lenin)은 임시정부를 무너뜨리고 군사혁명위원회를 구성해 노동자, 농민, 병사들을 중심으로 하는 프롤레타리아 계급의 민중민주주의 실현을 선포했다.[18] 2월 혁명이 민중의 대중적 봉기에 의해 일어났다면, 10월 혁명은 당시 혼란한 정세를 틈타 레닌이 주도한 일부 혁명가들에 의해 일어난 공산주의 혁명이었다. 레닌은 혁명의 주체 세력인 노동자, 병사들로 구성된 평의회 또는 대표자회의 뜻을 가진 소비에트(Soviet)라는 조직을 구성하여 중요한 정책 결정의 의결기구 역할을 맡겼다. 소비에

---

18) 10월 혁명 직후 레닌은 <노동자, 병사, 농민에게 고하는 글>에서 소비에트 정부는 토지 사유화를 영원히 폐지하겠다고 선언하였다. 당시 황실, 귀족, 지주, 교회 등이 소유했던 토지는 모두 몰수해 농민들에게 분배하기로 약속하고, 노동자와 농민에 대한 생필품 보급과 병사의 권리를 보장한다고 선언하였다.

트는 부르주아 자산계급을 배제한 채 노동자, 농민, 병사들의 대표들로만 조직되어 국가권력을 장악한 후 프롤레타리아 독재와 공산주의 국가 건설에 주도적 역할을 했다.

공산주의 사상의 시원(始原)은 18세기 영국에서 방적기가 발명되자 농민들이 면직물 공장에서 일하게 되었고, 그 노동에 대한 낮은 대가의 문제의식에서 시작되었다. 이를 지켜본 마르크스가 독일의 철학자 헤겔(Georg Wilhelm F. Hegel)의 인류 역사는 정(正)·반(反)·합(合)의 과정을 거친다는 이론을 접목하면서 발전시켰다. 즉 봉건주의는 부정(否定)되어 자본주의로 발전하고, 자본주의는 부정되어 사회주의로 발전하고, 사회주의는 종국에는 공산주의로 발전해 간다는 것이다. 이 발전 과정의 추동력은 계급투쟁으로 인해 이뤄진다고 주장한다. 이러한 계급적 투쟁을 현실화하여 혁명을 성공시킨 첫 사례가 레닌에 의한 소비에트연방이었다.

그들이 말하는 계급은 봉건귀족, 유산계급, 소부르주아계급, 무산계급, 농노계급 등으로 나누고 있으나, 크게 생산수단을 소유하고 있는 유산계급과 생산수단 없이 노동을 제공하는 무산계급으로 구분된다. 레닌은 일정한 생산제도 안에서 차지하고 있는 위치, 즉 생산수단의 유무에서 비롯되어 사회적 부(富)의 몫의 크기를 달리하는 인민의 집단을 계급으로 정의하고 있다. 유산계급은 노동계급의 노동을 착취하게 되어 결국 빈부의 격차를 일으켜 갈등이 필연적으로 수반된다고 주장한다. 공산주의 혁명가들은 이러한 갈등을 계급 간 투쟁으로 발전시켜 혁명을 통해 정치적 권력을 노동자·농민 등 무산계급이 장악한 프롤레타리아 독재로 만들어 경제적 관계의 변혁을 일으키려고 했다.

이렇게 탄생한 소련은 국경이 넓은 자국의 안전을 확보하기 위해 중국을 포함한 동아시아 국가들과 세계혁명 완수라는 미명으로 각국의 민족주의 혁명 세력과 연계를 시도하였다. 1920년대부터 중국의 사회주의 혁명에 깊숙이 관여한 것과 1945년 해방 이후 한반도 진출은 소련의 자국의 국익 보호 측면이 강하게 작용했다. 사회주의 소련의 국력은 스탈린 독재 시기를 거치면서 크게 신장해 1960년대에는 전성기에 접어들었다. 그러나 무기생산 등 군수산업 중심의 불균형 발전으로 군사력은 막강했으나 인민들의 삶과 직접 관계되는 생필품은 부족하고 민생은 궁핍했다.

소련 공산주의 체제에서도 당-국가체제(Party-state System)[19]

---

19) 당-국가체제(Party-state System)란 당(黨)이 국가를 통치하는 권력구조로서, 당이 곧 국가다. 즉 1개의 유일 정당이 국가 운영을 완전히 장

에서 불가피하게 나타나는 관료주의가 생산성을 떨어뜨리고, 부정부패를 만연하게 했다. 러시아 혁명을 이끈 사람들은 이상주의에 빠진 순수 혁명가들도 있었지만, 당시 가난하고 소외된 사회 불만세력들도 함께 참여했다. 이들은 체제전복 자체를 바란 것이다. 이들이 권력을 장악한 이후 소련 체제는 엘리트 혁명가들이 꿈꿨던 것과는 달리 점차 또다른 괴물집단으로 변해갔다. 소련 국가기관의 경직성은 당시 공산당 지도자와 대부분의 국가기관 종사자들이 종신제였고, 공산당 정치국원들의 평균 연령이 70세에 이르렀다는 통계가 이를 설명하고 있다.[20]

그래도 1970년대까지는 시베리아 천연가스의 동유럽 수출과 1973년 제1차 오일쇼크로 인한 국제 유가 상승 등에 힘입어 막대한 국방비를 감당할 수 있었다. 그러나 여전히 민수용을 위한 경제체질 개선을 위한 투자는 소홀히 했다. 한 통계에 따르면 소비부문에 대한 수요의 3분의 1만 공적인 영역에서 충당되었을 뿐 나머지는 암시장에서 충당되거나, 부족

악하고 통치하는 시스템을 말한다. 독일 나치당. 소련과 중국의 공산당, 북한의 노동당 등 당이 통치하는 국가들이 이에 속한다. 이들은 삼권분립의 원리가 작동되지 않고 행정부와 사법부는 당의 지시에 따라 집행하는 부서에 불과하다. 이들 국가들은 군(軍)도 당 소속으로 되어있다.

20) 안데쉬 오슬룬드(이웅현, 윤영미 역), 『러시아의 자본주의 혁명』, 서울: 전략과 문화, 2010, 참조.

한 상태였다. 인민들은 최소한의 삶을 유지할 수도 없을 정
도였다. 그럼에도 불구하고 미국 CIA 평가에 의하면 1980년
대 소련의 군사비 비중이 GNP 대비 15~17%에 이르렀다.
이는 당시 미국 레이건 대통령이 국방력을 강화할 때의 군사
비가 GNP 대비 6%와 비교해도 높은 수준이었다.

2-2. 개혁개방 노선 채택

1985년 소련 공산당 서기장으로 선출된 고르바초프(Mikhail
S. Gorbachev)는 '개혁' 정책인 페레스트로이카(Perestroika)와
'개방' 정책인 글라스노스트(Glasnost)를 추진하였다. 이 당시
이미 소련은 비효율성과 관료주의 등으로 인해 공산주의 체
제를 그대로 유지하기에 한계에 이르렀다. 페레스트로이카
정책이 경제 회생을 위한 경제개혁이 주된 목적이었다면, 글
라스노스트는 민주화를 위한 정치개혁의 성격이 강했다고 할
수 있다. 경제개혁의 골자는 경제 효율성 제고 정책이었다.
그러나 국민의 의식에 큰 변화 없이 기업의 활성화와 생산성
만으로는 경제 회생에 한계가 있었다.

한편, 정치개혁은 경제개혁을 순조롭게 하는 데 필요한
조치였다. 개방정책은 서방의 물결이 국내로 들어와 경직
되어 있었던 공산주의 교조주의와 관료주의를 비판하고,

다른 한편으로는 언론의 자유를 신장시키는 데 기여했다. 이런 과정을 거치면서 차츰 민주주의와 시장경제가 싹트기 시작했다. 그의 신사고는 소련뿐만 아니라 동유럽권 공산국가들에도 임계점에 도달한 체제의 전환에 크게 영향을 미쳤다. 고르바초프는 그 공로로 1990년 노벨평화상을 수상하기도 하였다. 그러나 고르바초프는 소련 공산당 체제 당시나, 그 이후 러시아 국민들로부터 급진적인 개혁에 대한 비판을 받기도 했다. 갑작스러운 체제전환에 따른 새로운 질서가 구축되는 과정에는 필연적으로 갈등과 저항이 있게 마련이다. 당시 많은 인민들에게는 공산주의 제도와 관행들이 일상 속에 깊숙이 스며들어 있어 삶이 불편할 수도 있었고, 또한, 한때 초강대국이었던 소련제국의 붕괴에 대한 아쉬움도 있었을 것이다.

전체주의 독재정권 소련 체제가 붕괴되고 외형상으로는 의회주의와 제한적인 시장경제를 표방한 국가로 재탄생한 1990년대 초반의 러시아 지도자는 옐친(Boris Yeltsin) 대통령이었다. 그는 고르바초프와 같이 거대한 공룡과 같은 소련이 유지되기에는 한계에 도달했다는 판단을 하고 체제의 변화를 꾀하였다. 후세의 평가가 엇갈리기는 하지만, 그는 러시아 역사가 바뀌는 과정의 중심에 있었던 인물이었음은 사실이다.

그들은 인민의 먹고사는 문제를 해결하지 않고는 국가를 유지하기가 불가능하다고 판단한 것이다. 그래서 당시 옐친은 정치개혁보다는 경제개혁에 집중했다.[21] 경제개혁의 주된 내용은 가격자유화, 수입자유화, 환율단일화 등이었다. 당시 제정된 러시아 헌법은 정치개혁을 미뤄 대통령의 권한을 과도하게 보장하여, 오늘날 푸틴과 같은 초(超)권위주의적인 대통령을 탄생시키게 되었다는 주장도 있다.

2-3. 체제전환 과정의 러시아

구소련 붕괴 이후 1991년 러시아 국가의 재탄생과 더불어 나타난 사회경제적 특징 중 하나는 소위 '올리가르흐'(Oligarchy)라는 독과점 재벌들의 등장이다. 이들은 한때 공산당 고위 당료이거나 KGB 등 권력기관의 관리들로서, 권력에서 물러나면서 이권(利權)을 챙겨 재벌이 된 경우다. 체제전환 과정에서 '권력과 자본의 교환' 현상이 빚어낸 결과이다. 막강한 권력을 내놓는 대신 재력을 준 것이다. 이들은 스스로 새로운 기업을 창업한 것이 아니라 사유재산을 인정하지 않았던 소련 당시의 국가소유였던 기간산업인 가스, 유전, 알루미늄 등 대형 국영기업들을 체제전환의

---

21) 옐친의 정치제도 개혁에 대한 오판으로 제때 이뤄져야 했을 의회 해산을 늦춰, 1993년 10월 러시아 의회에 대한 포격 사건이 발발하는 등 유혈사태가 발생하기도 했다.

과정에서 민영화하여 소유주가 된 것이다.22) 당시 국가재
정이 약했던 러시아 정부는 재원을 마련하기 위해 공기업
을 담보로 은행으로부터 돈을 빌리게 되고, 만약 이를 상
환하지 못하면 담보물인 공기업을 은행이 인수해 민영화하
는 형태로 이뤄졌다. 이와 같은 과정을 거쳐 국가 기간산업
들이 주로 은행 재벌들의 손에 들어가게 되었다. 이러한
민영기업 인수는 주로 서구의 경영기법과 시장경제의 원리
와 규칙을 먼저 터득한 젊은 40~50대가 주류였다. 이들을
칭하여 '노보에 루스키'(New Russian)라고 불렀다.

비록 러시아 헌법과 법률은 개인의 소유권을 인정하고 자
유로운 시장경제 활동을 인정하고 있었지만, 70여 년 동안
국가에 의한 평등주의는 자유시장경제 원리를 정착시키는데
상당한 시간을 필요하게 했다. 이러한 환경이 신흥 자본계급
인 올리가르흐의 정경유착과 부정부패로 시장질서가 왜곡되
는 토양이 되었다. 일반적으로 러시아 재벌들의 성장과정을
보면, 초기에는 석유 등 원자재 수출로 억만장자가 되고, 이
어서 은행을 건립하여 중앙은행으로부터 저리로 대출받아 돈
줄을 장악해서 공기업의 민영화 과정에 참여하여 부를 축적

---

22) 대표적으로 러시아 최대 정유회사인 Lukoil 소유주 알렉페로프는 40
세에 러시아 연료에너지 차관 및 장관(대행)을 하면서 직위를 이용해
여러 국영 러시아 정유회사를 법인화하여 사유했다.

하게 된다. 그다음 언론기관을 인수하거나 창설하여 재벌들의 자기방어용으로 활용한다. 서구 언론들과 달리, 러시아 언론들은 판매와 광고 수입을 합쳐도 운영경비 절반에도 미치지 못하는 재정 구조로 인해 대부분의 언론들은 재벌의 자본이나 국가기관의 지원에 의존해 오고 있다. 그래서 진정한 언론의 자유나 독립적인 언론의 기능을 기대하기는 어렵다.

개혁개방은 했으나 러시아에서 외국 기업이 뿌리내리기는 쉽지 않았다. 형식적으로는 시장경제체제를 도입했지만, 글로벌 수준의 제도가 정착되고 공정한 시장경제의 원리가 실질적으로 작동되기까지는 상당한 시간이 걸린다. 제도가 도입되었어도 의식이나 관행이 곧바로 바뀌지 않는다. 그래서 우리 기업들도 초기 러시아에 진출해 실패한 사례들이 많았다. 특히 정경 유착된 거대 재벌들이 시장을 지배하고 있었기 때문에, 이권 다툼이 있으면 정상적인 방법으로 해결하는 것이 아니라 테러나 암살 등 폭력적으로 해결하는 사례가 왕왕 있었다. 이러한 기업 환경 속에서 외국 기업이 정상적인 활동으로 이익을 창출하기는 힘들 수밖에 없다. 설사 이익을 창출한다 해도 각종 규제로 수익을 자국으로 반출시키기는 더욱 어렵다. 때로는 외국자본이 들어와 비즈니스를 잘하면 수단과 방법을 가리지 않고 그 기업을 불법적으로 빼앗는 사례도 있었다.

따라서 정상적인 규정(Rule)에 익숙한 서구의 외국 기업들은 러시아에 투자하기를 꺼렸다. 그런 위험을 감수하면서 러시아에서 선구자적인 역할을 한 외자 기업이 2000년대 초까지 미국의 맥도날드(McDonald)가 유일했을 정도였다. 체제전환 이후 10여 년이 지난 2000년대 초까지도 먹을거리가 풍족하지 못했던 러시아에서 맥도날드가 어린아이나 학생들에게 인기가 높았던 것은 당연한 일이지만, 비즈니스 환경이 좋지 못한 러시아에서 외국 기업 활동을 할 수 있었던 것은 맥도날드만의 경영철학 때문이기도 했다. 러시아에서 낸 수익을 본국으로 가지고 가지 않고, 러시아 내에서 학교 등 육영사업에 재투자한다는 조건에 동의했기 때문이다.

어디에서나 시장경제를 지탱하는 근간은 신용사회다. 소련이 붕괴되면서 러시아에도 초기에는 은행들이 우후죽순으로 생겨났다. 그러나 얼마 후 화폐개혁 등으로 은행에 맡겨 놓은 돈이 거의 휴짓조각으로 변해 버리는 일들이 벌어졌다. 신용사회에 대한 인식과 역사가 짧은 상태에서 그런 일들은 시민들이 은행을 믿지 못하게 만들었고, 나아가 자국 화폐인 루블(Ruble)화에 대한 신뢰도가 땅에 떨어지게 되었다. 그래서 러시아 사람들은 여윳돈이 생기면 미국 달러로 환전하여 각자 집의 개인 금고나 베개 밑에 보관하는 진풍경이 벌어졌다. 집집마다 안방에 벽을 뚫어 비밀 금고를 하나씩 만들어 놓고 거기에 미국 달러를 숨겨놓는 것이다. 그래서 당시 러시아는 저축률이 아주 낮을 수밖에 없었고, 은행들도 개인을 상대로 한 여신업무는 유명무실했었다.

러시아인들의 DNA에는 독특한 배타적 민족주의가 있다. 냉전 시기 막강했던 소련이 붕괴된 이후, 서구와의 경쟁에서 패배하여 서구적 가치인 민주주의와 시장경제를 어쩔 수 없이 받아들이기는 했으나 러시아인들은 그들만의 민족적·문화적 정체성을 고수하고자 하는 방어적 의식과 자존심이 매우 강하다. 그래서 아직도 민주주의와 시장경제 체제의 완전한 이행이라는 개혁이 더딘지 모른다. 개인주의와 자유주의의 가치가 완전히 체질화가 되지 못한 상태에서 집단주의와 국가주의적 의식이 남아있어 혼란을 겪고 있다.

3. 중국의 공산혁명과 개혁개방

3-1. 모택동의 공산주의 혁명

오늘의 중국은 모택동(毛澤東)이 이끄는 공산당이 23년 간 장개석(蔣介石) 국민당 정권과 국공내전(國共內戰)의 과정에서 승리하여 1949년 '신중국'(新中國)으로 탄생한 나라다. 어느 날 혁명을 통해 갑자기 수립된 국가가 아니다. 중국에서 공산당이 성공할 수 있었던 내적 요인은 청나라 말기에 외세의 침입으로 인한 왕조가 종말을 고하고, 그에 따른 권력 공백을 틈탄 군벌(軍閥)과 권력기관의 착취, 절대다수의 국민들이 빈곤 등으로 민심이 극도로 피폐해 있었던 데 있다. 외적 요인으로는 공산혁명에 이미 성공한 소련이 일본, 영국 등 당시 제국주의 세력 확장에 대한 견제와 자국의 안보 확보를 위해 국경을 맞닿고 있는 중국을 공산화하여 친(親)소련 국가로 만들기 위해서다.

중국 내부에서도 당시 청나라가 서구 강대국들에 침탈당하는 상황을 보면서 일부 지식인들은 1917년 러시아 10월 혁명과 사회주의에 매료되어 있었다.[23) 중국의 공산혁명이 본격

---

23) 중국의 전통적 정치문화에는 현세적 정치의식, 피지배층의 저항의식, 자급자족적 민족주의 성향이 깔려있다. 이런 요소들이 마르크스주의의 유물론적 세계관과 실천적 교리에 쉽게 동화되었던 것 같다. 거기다 청나라 말기 일본의 침략과 서구 세력에 의한 중국 사회의 처참

화된 시점은 소련 공산당원 보이틴스키(Grigori N. Voitinsky)가 파견되면서부터다. 그가 중국에서 최초로 만난 사람은 일본 유학하다 돌아온 마르크스 이론가 이대조(李大釗)였다. 이대조는 중국에서 공산혁명을 성공시키기 위해서 자신과 함께 할 행동가로 진독수(陳獨秀)를 끌어들여 중국 내 소련 공산당 조직들을 강화하는 등 중요한 역할을 하게 했다.

모택동이 공산당에 가입하여 활동하기 시작한 것은 1920년 전후로 보인다. 모택동은 진독수를 몇 차례 만난 이후 본격적으로 공산주의 활동을 하게 된다.[24] 당시 소련의 코민테른 전략은 노동자와 병사들을 중심으로 혁명 분위기를 만들어 가는 것이었으나, 당시 중국의 경우 산업화가 일천(日淺)하여 노동자가 많지 않았고 병사들은 접근성이 떨어졌다. 그래서 초기 단계에서는 학생이나 지식인들을 끌어들였으나 나중에는 농민들이 혁명의 주도세력이 되었다. 본격적인 공산혁명이 전개되기 시작한 곳은 상해(上海)였다. 그럴 것이 당시 상해는 산업화가 비교적 진행되어 다른 지역에 비해 노동자들이 많았다. 그리고 국제무역 도시로서 정치적, 사상적으로 개

한 분해 과정을 지켜보면서 마르크스주의가 대안으로 인식되었을 것이다.

24) 서상문, 『혁명 러시아와 중국 공산당 1917-1923』, 서울: 백산서당, 2008, 참조.

방된 지역이어서 사회주의 혁명이 가능한 여건이 조성되어 있었다. 그래서 1921년 7월 제1차 중국 공산당 전국대표대회가 상해에서 개최되었다.

1949년 10월 1일 공산주의 중화인민공화국(中共), 즉 신중국은 토지를 국유화하고 사유재산제를 폐지했다. 모든 산업은 국유화했고 농촌은 집단농장으로 만들었다. 시장경제도 폐지되었다. 중공은 공산당 일당독재로 통치하는 전형적인 전체주의 국가로 변했다.25) 중국 공산당은 농민들에게 토지를 무상 배분하면 먹고사는 문제가 해결될 줄 알았으나, 공산주의의 비효율성으로 인해 농업 생산성이 떨어지기 시작했다. 1956년 집단농장인 '인민공사'를 설립하는 등 농업과 공업부문의 생산성 향상을 위해 '대약진운동'을 전개했다. 그러나 초기에는 약간 효과가 나타났으나 이 또한 동기부여 부족으로 2년여 만에 실패로 끝났다. 모택동 공산주의 정책의 대표적인 실패 사례가 되었다. 그 후유증으로 모택동은 권력의 이완 현상을 다잡기 위해 1966년부터 10년간 극단적인 좌익 운동인 '문화대혁명'을 일으켜 역사에 큰 오점을 남겼다. 그

---

25) 중국은 전통적으로 개인 보다는 집단을 중시하는 문화가 있다. 그리고 고대 왕조시대부터 이데올로기를 통치의 기제로 삼아왔다. 대표적인 이데올로기가 유가(儒家)라고 할 수 있다. 그래서 전체주의에 대한 거부감이 크지 않을 수 있는 정치문화가 있다.

런데도 중국 공산당 후대들은 그의 업적을 공(功)이 70%, 과 (過)가 30%라는 평가를 하고 있다.

3-2. 등소평의 개혁개방 노선

전체주의 이데올로기는 시대와 상황에 따라 변한다. 중국 공산당도 혁명에 성공하고 신중국을 출범시킨 이후 거의 20 년 이상 이상사회 건설에 대한 희망으로 집단주의가 인민의 지지를 받았다. 그러나 중국도 러시아에서처럼 시간이 지나 면서 혁명의 순수성보다는 현실적인 문제들로 인해 혁명의 열기는 점차 식어가면서 실용주의가 일기 시작했다. 러시아 와 중국의 경우를 경험적으로 볼 때 '혁명의 생명력'은 20년 을 고비로 점차 퇴색하는 것 같다.26) 중국 공산사회도 집단 주의의 비효율성이 점차 나타나면서 앞에서도 언급한 공업부 문과 농업부문 할 것 없이 중요 정책들이 실패로 돌아갔고, 결정적인 계기는 모택동 공산당의 최대 패착으로 여겨지는 문화대혁명이었다. 이에 대한 수정노선으로 '사상해방'을 기 치로 들고나온 지도자가 등소평(鄧小平)이었다. 그는 모택동 과 달리 이념적·정치적으로는 공산당의 지배체제를 유지하

---

26) 북한의 경우도 1970년대 접어들면서 혁명성의 한계가 나타나기 시작 했다. 1974년 김일성은 당시 남한과 체제경쟁에서 열세를 보일 기미 가 보이자 박정희 정권과 '남북공동성명서'를 발표하는 등 유연한 자 세를 보였다.

면서, 경제적으로는 과감하게 시장경제 체제로 전환시킨 혁명 2세대다. 그의 개혁개방 정책은 당시로서는 '사상의 창조적 파괴'로 평가할 만큼 혁신적인 것이었다. 그의 흑묘백묘론(黑猫白猫論)은 '검은 고양이든 흰 고양이든 쥐만 잘 잡으면 된다.'라는 경제문제의 탈(脫)이념적 접근이었다. 등소평의 개혁개방정책은 인민들에게 인센티브 제공과 시장경제 활성화로 요약될 수 있으며, 1970년대 후반 이후 연평균 10% 이상 고도성장을 이루게 했다. 오늘날 중국의 경제발전은 등소평이라는 지도자의 유연하고 포용적 사고가 없었다면 불가능했을 것이다.

3-3. 중국의 G2로 부상

중국을 G2(Group of Two)로 부르기 시작한 것은 2005년으로 미국 피터슨국제경제연구소(PIIE) 소장이었던 경제학자 버그스텐(Fred Bergsten)이었다. 비록, 중국 지도부층에선 중국이 G2로 불리는 것에 부담스러워 하기도 하지만, 이젠 중국을 미국과 함께 G2 국가로 부르는 데 익숙해져 있다. 그만큼 중국이 신흥 강대국으로 자리 잡아 정치, 경제, 군사 등 모든 면에서 국제질서를 형성하는 가장 영향력이 있는 투톱(Two-top)체제의 행위자(Player)가 된 것이다.

중국이 국제무대에서 대국으로 인식되기 시작한 계기는 2008년 북경올림픽이었다. 전 세계에 중국의 힘을 과시하였을 뿐 아니라, 특히 중국 인민들에게 자긍심을 심어주고 결속을 다지는 데 크게 기여한 행사였다. 이후 중국은 '중국특색사회주의' 발전에 박차를 가해 왔다. 2012년 11월 공산당의 5세대인 시진핑(習近平)이 당 총서기로 등극하면서 주석의 위상을 강화하고 공산당 지배체재를 더욱 공고히 하는 조치들을 취해 왔다. 시진핑의 통치이념은 '신시대 중국특색 사회주의' 사상이다. 이는 중국공산당 당장(黨章)에 명기되기도 하였다.27) 시진핑은 2017년 10월 제19기 1중전회에서 '중국의 꿈'(夢)을 대내외 공표하고, 실현 로드맵을 발표하였다. 그 대강은 2020년 전면적 소강사회(小康社會)28) 건설, 2035년 사회주의 현대화의 기본적 실현, 2050년 사회주의 현대화 강국 건설이다. 한편, 대외적으로는 신(新)실크로드 부활을 위한 '일대일로'(一帶一路) 구상과 미국과 대등한 관계를 의미하는 '신형국제관계건설'을 표방했다.

중국이 개혁개방 정책을 추진한 지 40주년인 2018년 중국의 경제는 천지개벽을 이루었다. 외국인 직접투자액이 2조

---

27) 중국 공산당 당장(黨章)에는 <마르크스-레닌주의>, <모택동사상>, <등소평이론>, <3개대표중요사상>(江澤民), <과학적발전관>(胡錦濤)과 함께 시진핑의 <신시대 중국특색사회주의 사상>이 명기되어 있다.

28) 소강사회(小康社會)는 인민들이 어느 정도 먹고사는 문제, 즉 의식주를 걱정하지 않아도 되는 수준의 발전된 사회를 말한다.

달러 이상에 달하고, 보유 외환은 3조 1192억 달러로 세계 최고 수준이다. 식량 총생산량은 1978년 3억 톤에서 약 6억 톤으로 2배 증가하였다. 2017년 말 기준, 중국 상품수출액은 27조 8,000억 위안(약 $430억)으로 1978년에 비해 782배가 증가하였고, 이는 전 세계 물량의 11.5%에 달한다. 또한, 주민 1인당 가처분 소득이 2017년 말 기준 2,597위안(약 $4,000)으로 1978년 개혁개방 당시 171위안(약 $267)의 15배로 증가하였다. 이는 연평균 8.5% 증가세를 보인 것이다.

급속한 경제 성장 이면에는 그림자가 있기 마련이다. 첫째, 경제 불균등의 문제다. 도농(都農), 지역, 계층 간의 소득 불균형이 심화되고 있다. 현재 1인당 GDP는 전국 평균 9,000불 수준이다. 그러나 도시의 가처분 소득이 농촌의 약 3배가 되고, 동부 연안 지역이 내륙에 비해 약 2배 정도 높다. 소득불평등 계수인 지니계수가 1980년대 초반 0.25에서 최근 들어 0.465로 나타나, 빈부 격차가 점점 커지고 있음을 보여준다. 둘째, 실업문제다. 공산주의 중국으로서 실업문제는 단순한 경제적인 문제를 넘어 체제의 기본이념에 배치되는 것이다. 공업화로 인한 농업의 비중이 줄어들고, 도농 간의 소득 격차는 도시로의 인구이동이 이뤄졌다. 도시의 등록 실업자는 4%대의 낮은 실업률로 발표되고 있으나, 무작정 도시로 모여든 무등록 실업자인 '농민공'(農民工)의 문제는 잠재적 사회 문제가 되고 있다.

3-4. 중국의 체제 모순(矛盾)과 극복

중국의 정치체제는 전형적인 당-국가체제로 공산당이 주도하여 국가를 운영하는 일당 체제다. 1970년대 후반부터 개혁개방 정책을 표방하면서 경제적으로는 시장경제체제를 받아들여 눈부신 발전을 해 오고 있으나, 정치체제는 70년 전 공산혁명 당시 그대로 큰 변화가 없다. 정치·사회·문화 등 모든 영역에서 독재체제를 유지하면서, 다만 경제 영역에서는 어느 정도 자유로운 시장경제 체제를 수용하는 '중국특색 사회주의'의 노선을 택하고 있다. 그 본질은 완전한 자유와 민주주의는 불용, 번영과 발전을 위한 필요한 시장경제는 허용으로 요약될 수 있다. 중국은 14억 인구가 먹고사는 문제를 해결하기 위해 '정치는 일당독재, 경제는 시장경제'라는 근본적인 모순을 안고 있다.

3-4-1. 민주화 욕구

중국이 개혁개방 이후 연 10%대 이상의 경제성장과 2008년 북경올림픽의 성공적 개최, 미국과 함께 G2 국가로 불리면서 중국의 굴기(崛起)는 내외적으로 인식되었다. 이러한 중국에 가장 우려되는 현상은 '민주화'의 욕구다. 역사적으로도 경제발전으로 먹고사는 문제가 해결되고 풍족한 중산층이 형성되면 개인의 자유와 민주화에 대한 요구가 나타난다. 이는 곧 '공산당 일당독재가 언제까지 계속되어야 하는가?', '권력의 견제와 균형이 제대로 작동하는가?' 등에 의문을 제기하게 하는 것이다. 이미 2008년 세계인권선언 60주년 기념일인 12월 12일 류샤오보(劉曉波)를 중심으로 지식인 303명이 중국의 인권개선과 정치민주화를 촉구하는 '08헌장'을 선언하고, 서구식 민주주의 정치제도의 도입을 촉구하였다. 여기서 이들은 삼권분립과 선거제도 도입, 집회·결사·언론·종교의 자유, 사유재산권 보장 등 중국 당국이 당장 허용하기가 힘든 조건을 요구하였다. 이들의 요구가 받아들여지지 않는 것은 중국의 인민민주주의는 평등한 가치를 우선하는 '사회적 민주주의'를 지향하고 있어 그 수단에 불과한 '정치적 민주주의'는 아직 때가 아닌 것으로 판단하기 때문이다.

그러나 이러한 사회적 욕구를 중국 당국이 의식하고 있다는 것은 2012년 3월 전국인민대표대회에서 원자바오 전 총리가 "정치체제 개혁이 없다면 그동안 이룩한 경제체제 개혁의 성과도 유실될 뿐만 아니라 문화대혁명 시대로 회귀할 수도 있다."라고 경고한 데서 잘 나타난다. 그러나 여기서 말하는 정치체제 개혁의 범위가 어디까지인지 분명치 않지만, 보편적 민주주의를 의미하는 것은 분명 아니고, 현재 중국 공산당 일당 독재체제의 근간을 흔들지 않는 범위 내에서 일부 제한적이고 실험적인 민주주의 제도를 허용하는 것으로 보인다.

이러한 민주화 욕구를 반영하여 인민의 직접선거를 지방정부에서 부분적으로 실시하고 있다. 중국의 행정체계는 중앙정부, 성(省), 현(縣)·시(市), 향(鄉)·진(鎮)·구(區) 등 4단계로 나뉜다. 그리고 그 밑에 말단 주민자치조직으로, 농촌의 경우 향·진 산하에 촌민(村民)위원회가 있고 도시에서는 사구(社區)주민위원회가 있다. 소위 기층(基層)이라고 함은 현·시급 이하 지방정부와 주민자치조직이 이에 해당한다. 중국에서 주민의 직접선거가 실시되는 기층선거는 현(縣) 급 이하 인민대표 선거, 농촌 촌민위원회 간부 선거, 도시 사구주민위원회 간부 선거, 그리고 향·진장 선거다. 이중 현급 이하 인민대표와 촌민위원회 선거는 전국적으로 이뤄지고 있고, 나머지 선거는 일부 지역에서만 이뤄지고 있다.

그나마 순조롭게 진행되는 직접선거는 현급 이하 인민
대표를 선출하는 것이다. 1979년 '전국인대 및 각급 지방
인대 선거법'이 제정된 이후 1981년부터 전국적으로 실시
되고 있다. 촌민위원회 간부 선거는 1980년 광서자치구(廣
西自治區)의 작은 마을에서 출발하였다. 촌민위원회를 농
민 자치 조직으로 운영하고 간부를 직접 선출케 한 것은
개혁개방과 더불어 인민공사(人民公社)체제를 해체하면서
농촌 사회를 활성화하기 위한 것이었다. 도시지역의 경우
개혁개방 이후 '딴웨이'(單位)가 해체되면서 새로운 주민자
치조직으로 등장한 사구(社區)주민위원 간부의 직접선거는
1990년대 이후 점차 확대되고는 있으나, 전국적으로 시행
되지는 않고 있다. 향·진(鄕·鎭)장 직선제는 아직 실험
단계에 있다. 향·진장 선출은 촌민위원회 간부와 달리 지
방행정 조직의 장(長)을 주민이 직접 선출하는 것으로, 이
는 당의 국가권력 독점 원칙에 위배되기 때문이다. 중국공
산당 영도체계에서 당서기는 상부에서 임명되고 집행자에
불과한 행정수장이 주민 직접선거에 의해 선출될 경우, 당
서기보다 선출직 행정수장의 권위가 우월할 수 있다. 따라
서 향·진장 선거는 이러한 고려 때문에 2004년 이후 사
실상 중단되었다.[29)]

---

29) 이문기, "중국의 기층선거: 민주주의인가 선거 권위주의인가", 서울:
　　미래전략연구원, 2013, 참조.

3-4-2. 시장자유화와 사유재산권 문제

등소평이 개혁개방 정책을 시작할 당시인 1978년의 중국은 국영기업이 80.8%이고, 나머지는 농촌공동소유기업으로 되어 있었다. 모두 집단소유였던 것이고, 개인소유나 자영업자는 거의 없었다. 그러던 중국이 2017년 말 기준 민영기업 수는 2,700만 개, 개인 자영업자 수는 6,500만 명을 넘어 중국의 민영경제가 국내총생산(GDP)에서 차지하는 비중이 60%를 넘는 수준에 이르렀다. 2017년 10월 개최된 중국공산당 제19차 전국대표대회 보고에서 시진핑 주석은 "흔들림 없이 비공유제경제를 공고히 하고 발전시켜 나가겠다."라고 했다. 이는 중국이 계획경제의 틀에서 벗어나 민영기업과 민영경제를 통한 개인들의 창업 열정을 자극하고, 산업구조를 시장지향적(Market-oriented) 방식으로 전환하여 나가겠다는 의지를 보인 것이다.

또한, 개인의 사유재산권과 관련하여 중국은 공산혁명 이후 사회주의 국가로서 개인의 재산권을 인정하지 않았다. 그러다 개인의 노력으로 벌어들이는 재산이 점차 늘어나면서 사유재산에 대한 인정과 이를 보호할 제도적 장치의 필요성을 인식하게 되었다. 중국 헌법에서 사유재산권을 최초로 인정한 것은 1982년 헌법이지만, 사유재산권을 비교적 명확하게 규정한 것은 2004년 개정 헌법이다. 동 헌법 제22조는 '국민의 합법적인 사유재산은 침해하지 못한다. 국가는 법률에 의하여 국민의 사유재산권과 상속권을 보호한다.'라고 규정하고 있다. 이는 보편적인 재산권에 대한 규정으로서, 개인의 재산이 보호받을 수 있는 근거가 마련된 것이다. 비록 공유제(公有制)를 대전제로 하지만, 이 헌법 규정에 근거하여 사유재산에 대한 실질적인 보호 장치는 물권법(物權法)이 제정된 이후부터다. 2007년 물권법 제정으로 중국의 경제 주체들은 물론, 외국인 투자자들의 경제활동에도 긍정적인 영향을 미쳤다.

중국에서 토지 및 주택 등 부동산 소유에 대한 근거 법령은 토지관리법과 물권법이 있다. 토지는 기본적으로 국가소유로 개인은 소유권을 가질 수 없고, 다만 사용권을 가질 수 있다. 중국에서 민간 주택용 토지사용권은 최대 70년으로 상한선이 정해져 있다. 개인은 사용 기간만큼 사용료, 즉 토지사용권출양(土地使用權出讓) 금액을 국가에 지불하고 사용하게 된다. 토지와 달리, 건물은 개인이 소유할 수 있다. 아직도 중국에서 완전한 사유재산권이 보장된다고 할 수는 없다.

3-4-3. 언론의 자유

전체주의 국가들의 공통적인 속성인 국가의 정보 독점 현상이 중국에서도 일어나고 있다. 즉 중국 공산당이 정보를 독점하고 통제한다.[30] 예컨대 모택동 공산혁명 당시부터 유력한 선전매체였던 <인민일보>(人民日報)는 여전히 체제 유지에 중추적인 역할을 해오고 있다. 지금도 <인민일보>와 그 자매지들에 의해 중국 지도부의 의지와 방침들이 전파된다. 이런 중국에서 언론출판의 자유는 서양의 잡사상(雜思想) 전파를 허용하는 것으로 인식되어, 체제를 위협하는 문화침투로 보고 있어 통제되고 있다. 그러나 개혁개방의 바람은 정보를 완전히 통제할 수 없는 상황을 만들었다. 이러한 환경에서 지방 도시에 <도시보>(都市報)라는 이름으로 신문들이 발간되고 있다. 2013년 1월 광동성에서 발간되는 <남방주말>(南方週末), <남방도시보>(南方都市報)가 대표적인 예였고, 그 기자들을 중심으로 하는 언론 자유화 바람이 일기도 했으나, 이를 계기로 중국 당국의 언론 단속이 심화되기도 했다. 특히, 시진핑 주석은 2018년 <인민일보>, <신화통신>, <CCTV> 등 핵심 관영매체 순시에서 "모든 관영언론은 당의 지침을 따라야 한다."라

---

30) 중국의 모든 언론출판 관련 업무는 공산당 중앙선전부가 총괄 통제한다. 그 산하의 집행기관인 행정기관으로서는 장관급인 신문판공실(新聞辦公室)과 국가신문출판광전총국(國家新聞出版廣電總局)이 있다.

고 언급하자, 이들 매체는 자유언론을 주장하는 언론들을 향해 "당의 규칙을 파괴하고 서구식 자본주의를 대변한다."라는 비난의 기사를 연이어 실었다.

방송의 경우도 정부 소속인 <CCTV>가 분야별로 수십 개의 채널을 보유하면서 방송의 컨트롤타워 역할을 하고 있다. 그리고 도시마다 지역 방송이 있기는 하나 <CCTV>의 자료를 받아 방송하는 경우가 대부분이다. 중앙집권적인 '하나의 중국'을 위한 <CCTV>의 역할은 메인 뉴스 '신원리옌뽀'(新聞聯播) 보도에도 나타난다. 매일 저녁 7시에 보도되는 이 뉴스는 중국 전역에 같은 시간에 방송된다. 중국은 동서 간의 시간대가 4시간 정도 차이가 나는데도 불구하고, 북경시간을 기준으로 저녁 7시에 전국적으로 동시에 방송된다. 시간대가 하나인 중국에서 서쪽 끝에 사는 지역 주민은 오후 3시에 이 저녁 뉴스를 시청해야 하는 상황이 벌어지고 있다.

현재 중국 인터넷 인구는 약 9억 명에 이른다. 그래서 중국은 외부의 민감한 정보 유입을 막기 위해 '트위터'(Twitter), '페이스북'(Facebook), '유튜브'(Youtube) 등을 차단하고 있다. 온라인 정보 의존도가 높아지고, 그 영향력이 점점 커지자 정부의 고민도 커지고 있다. 2011년 중동지역에서 발발한

SNS 민주화 혁명인 '자스민혁명'에 놀란 중국 정부는 2011년 5월 '국가인터넷정보판공실'을 설립하여 인터넷 관련 정책을 수립하고, 인터넷뉴스 감독을 강화하고 있다. 그 후 2014년 2월 '중앙인터넷 안전 및 정보화 영도소조'를 신설하고, 시진핑 주석이 직접 소조(小組)의 조장을 맡았다. 당국은 이 조직을 사이버 공간의 주권과 국가 안전을 확보하기 위한 것이라고 설명한다. 또한, 2017년 6월부터 '중국사이버보안법' 시행과 '인터넷 실명제'를 실시하여 정치적으로 민감한 정보를 사전에 차단하고 있다. 인터넷 통제 대상은 중국의 정치체제와 공산당 일당제에 도전하거나, 소수민족의 분리·독립 움직임을 부추기는 이슈, 그리고 중앙 고위급 지도자의 실명을 거론하며 직접적인 비판을 하는 것 등이다. 중국 정부 당국으로서는 인터넷 정보를 통제하면서, 한편으로는 새로운 인터넷 환경을 이용하여 공산당 통치의 정당성을 확보해 나가기 위해 우호여론을 적극적으로 조성해 나가는 양면전술을 구사하기도 한다.31)

중국에서 언론은 혁명 당시나 그 이후 지금까지도 중요한 사상적 무기인 동시에 체제선전의 도구이다. 그래서 언론의 자유는 제한적으로 허용할 수밖에 없다. G2 국가로 굴기한

---

31) 이민자, "중국의 언론/표현의 자유", 『성균차이나브리프』, 제5권 제4호(통권 45호, 2017), 참조.

중국은 오히려 중국의 가치와 이념을 대내외에 선전하여 중화주의(中華主義)를 실현하기 위해 관영매체를 확대·설립하는 추세를 보이고 있다. 그 배경에는 서방 언론들의 중국에 대한 보도가 편향적이고 왜곡되어 있다는 주장이 일면 타당성은 있으나, 국력 신장에 따른 중국의 사상과 가치를 전파하기 위한 공세적 언론 정책으로 읽힌다.

4. 소련, 중국의 공산주의 혁명과 체제전환 비교

비록 러시아와 중국은 20세기 초 노동자·농민을 앞세워 공산주의 혁명을 성공시켰으나, 혁명 과정에서는 물론 혁명 이후 체제전환에서 차이점이 국가 발전에 다르게 영향을 미치고 있다. 러시아와 중국 모두 봉건적 왕조체제가 붕괴되고 대안 세력의 등장 과정에서 공산주의 혁명이 일어났다. 1917년 러시아 혁명은 주축 세력이 도시 근로자와 병사들이었으나 중국의 경우 당시 산업화가 되지 못한 탓에 도시 근로자 대신 농민들이 주축이 되었다.[32] 그리고 러시아는 혁명 이후

---

32) 역대 중국의 농민은 가끔 왕조를 무너뜨리기는 했다. 그 뒤로 농민들의 힘으로 정권을 세웠으나 유지하지 못하고 얼마 안 가서 본래 통치 계급에 권좌를 물려주곤 했다. 그러나 농민의 아들이지만 사서(史書) 등을 많이 탐독한 모택동은 공산혁명을 통해 농민정권을 지켜냈다.

볼셰비키의 '홍군'(紅軍)과 반혁명 세력인 '백군'(白軍) 사이의 내전이 있었다. 그러나 중국의 경우 상당 기간 국민당과 공산당의 내전(國共內戰)을 거쳐서 혁명이 완성되었다.

전체주의에서 유토피아적 사회건설이 슬로건으로만 끝나고, 현실화되지 않는 데서 오는 좌절감이 누적되면 체제에 대한 신뢰가 무너지게 된다. 거기에다 전체주의 국가들의 공통적인 특징이라 할 수 있는 특권 계급의 출현과 이들의 횡포와 불평등한 분배로 인한 불만이 누적되면서 체제 저항감마저 생겨났다. 사회주의 또는 공산주의 이념으로 혁명에 성공한 국가들이 혁명 초기에는 평등·복지사회를 꿈꾸며 희망적인 일반의지가 결집된 '혁명성'이 받치고 있었다. 거기에 중앙정부의 생산요소 집중화로 일부 군수산업 등 중공업 부문을 중심으로 국민경제가 성장 발전할 수 있었다. 그러나 시간이 지나면서 인민들은 자신들의 현실적인 삶이 추상적인 이데올로기보다 중요하게 느껴지게 된다. 또한, 생산수단의 관리를 맡은 행정·경제 담당 당 간부나 관료들이 새로운 특권층인 '노멘클라투라'(Nomenklatura)로 형성되기까지 하면, 공산주의 존립 근거인 '계급 간 갈등'이 현실에서는 '계급 내 갈등' 문제로 나타나기 시작한다.

혁명을 통해 탄생한 사회주의 국가 러시아와 중국은 모두 전체주의 체제의 내재적 비효율성과 한계성을 극복하지 못하고, 결국 체제전환(System Transformation)[33]을 꾀하지 않을 수 없게 되었다. 체제전환이란 정치체제의 변화와 그에 따른 경제체제의 변환을 의미한다. 즉 한 국가의 정치, 경제 등 모든 질서의 의도된 변화다. 여기서는 체제전환의 범위를 좁혀 전체주의적 공산주의 체제가 한계성을 인정하고, 자의적이든 외세에 의하든 다원주의와 자본주의적 요소를 받아들이는 것을 말한다. 즉 공산주의 체제전환의 의미는 정치적으로는 민주주의로의 이행 또는 민주화를 의미하고, 경제적으로는 자본주의 또는 시장경제로의 이행을 말한다.

러시아와 중국의 체제전환의 범위와 성과 면에서 차이가 있다. 러시아는 정치적, 경제적으로 모두 체제 전한을 꾀했다. 정치적으로는 다원주의 도입을 통한 정치개혁을 추진했고, 경제적으로는 시장경제 도입을 통한 경제개혁을 동시에

---

33) 체제전환의 일반적인 과정은 체제가 온전히 작동할 때는 이념적인 정당성을 확보하고 완전한 헤게모니를 장악하고 있기에 저항 세력이 없어 전환의 필요성을 느끼지 못한다. 그러나 전체주의가 정당성을 잃게 되고, 지도자에 대한 신뢰가 무너지면 체제전복 세력이 등장하게 된다. 극단적으로 군부의 동요와 민란이 일어나는 단계에 이르게 되면 전체주의가 실패의 길을 걷게 된다(Steven Saxonberg, *Transitions and Non-Transitions from Communism*, Cambridge: Cambridge Univ. press, 2013, 참조).

추진했다. 그에 반해, 중국의 경우 정치개혁은 미루어 두고 경제개혁에 주력하고 있다. 중국은 일당 독재체제를 유지하면서 인민들의 경제문제부터 해결하기 위해 '민주성'보다 '효율성'에 비중을 두고 있다. 여기서 소련과 중국이 체제전환 이후의 발전 속도에서 차이가 나는 원인을 찾을 수 있다. 중국이 러시아보다 빠른 경제성장을 이뤄 오고 있다. 체제전환의 역사를 뒤돌아보면 그 주된 요인은 역시 경제적인 이유 때문이다. 즉 인간의 기본적인 욕구인 먹고사는 문제와 관련성이 가장 깊다. 중앙계획경제의 비효율성과 폐쇄적 경제운용, 제한된 자원으로 인한 만성적 공급 부족경제가 국민들의 삶을 궁핍하게 만들고, 거기에다 자유시장경제의 풍족함과의 비교에서 오는 열등감이 체제전환을 요구하게 했다.

러시아는 소련이 붕괴하고 체제전환이 이뤄진 지 30년 가까이 되고 있지만, 아직도 러시아의 정치와 경제개혁이 지지부진한 이유는 다음과 같다. 첫째, 서구의 경제제도를 도입하면 시간이 지나면서 개혁이 이뤄질 것이라고 믿었다. 그러나 공식적인 제도가 바뀌어도 70년 이상의 중앙계획경제와 배급제 등 사회주의 관습이나 관행이 쉽게 바뀌지 않는다. 제도는 단기간에 바꿀 수 있으나 사람은 쉽게 바뀌지 않는다는 교훈을 다시 한번 깨닫게 한다.[34] 제도가 바뀌면 사람도 바

뀐다는 제도론적 접근의 한계점이 나타나는 것이다. 둘째, 급진적인 체제전환으로 인한 사유화 정책은 오히려 혼란을 가져왔고, 그 틈에 새로운 경제적 특권층 계급이 형성되었다. 국가의 통제력이 약한 상태에서 체제전환을 기하면 오히려 혼란과 어려움을 겪게 된다. 당시 러시아는 준비가 안 된 상태에서 정치적 민주주의를 위해 다원주의를 받아들여 경제개혁에 필요한 추동력을 잃게 되었다. 체제전환 과정에서 초기에는 반드시 민주주의 정부 형태일 필요가 없다는 경영학자 피터 놀란(Peter Nolan)의 지적이 들어맞는 경우다.

반면, 중국의 경우 공산당 일당독재에서 오는 효율성과 등소평의 강력한 지도력이 함께 작동하여 강력한 경제개혁을 추진할 수가 있었다. 등소평의 권위주의적 개발독재는 중국이 체제전환 과정에서 경제개혁과 발전을 위해 적절했던 것으로 평가된다. 당시 중국은 박정희 전(前) 대통령의 권위주의적인 통치 방식과 산업화 모델을 연구했던 것으로 알려져 있다. 그러나 러시아와 중국의 전체주의 노선을 바꿔 가는 과정에 정치개혁과 경제개혁의 우선순위와 완급을 달리한 국가 발전전략이 장기적 관점에서 본다면 누가 옳은지 지금으로써는 판단하기 어렵다.

---

34) 러시아는 공산주의 혁명(1917)이 중국(1949) 보다 약 30년 전 먼저 일어났다. 즉 공산주의 체제의 기간이 중국보다 길다. 그래서 시장 경제 체제로의 전환에 시간이 더 걸릴지 모른다.

제4부

북한 공산정권
수립과 김씨 왕조

1. 해방과 김일성 등장

한반도에 사회주의 또는 공산주의 이념이 확산된 과정은 크게 두 가닥으로 정리할 수 있다. 하나는 자생적인 공산주의자들이 생겨난 것이고, 다른 하나는 제2차 대전 이후 소련 공산주의가 이식된 경우이다. 북한 공산주의는 남북이 분단되면서 소련의 한반도 공산화 야욕을 달성하기 위한 후자의 경우이다. 분단 이전 남한 내 자생적 공산주의자들은 미군정을 피해 북한으로 들어갔으나, 결국 소련의 지원을 받던 북한 공산주의자들에 의해 숙청되거나 흡수되어 소멸하였다. 자생적 공산주의가 나타난 이유는 조선왕조의 봉건사회와 일제 식민지 통치가 이어져 오면서 가난하고 피폐한 상태에서, 착취계급이 없고 평등사회를 주창하는 사회주의 또는 공산주의 사상이 지식인들과 가난한 백성들에게 매력적일 수밖에 없었을 것이다. 당시 지식인들은 일본에서 유학하거나 활동하였고, 일반 백성들은 당시 일제의 폭정을 피해 만주와 연해주 등으로 이주한 노동자와 농민들이었다.

소련 공산주의가 북한으로 들어오게 된 배경을 살펴보면, 19세기 중반 대영제국과의 패권경쟁 시대로 거슬러 올라간다. 즉 러시아는 해양진출 전략의 하나로 극동지역에서 중국과 한반도 진출을 꾀했다. 한반도 진출 시도는 고종 당시 일본의 영향력 견제를 목적으로 1896년 고종의 '아관파천'(俄館播遷) 사건으로 나타났다. 그러나 그 후 러시아는 일본과의 전쟁에서 패배하여 한반도에서 영향력을 잃게 되었다. 그 후 1917년 공산혁명에 성공한 러시아(소련)는 공산주의를 전파하기 위해 중국, 한국, 일본 등 동북아시아에서 거점을 구축하기 시작했다. 한반도 진출을 줄곧 노려왔던 소련은 1945년 2월 얄타회담에서 미국 루스벨트의 요청으로 2차 세계대전 막바지에 참전하여 연합군이 승리하자 북한지역에 일본군 무장해제를 위한다는 명분으로 당당하게 한반도에 진출하였다.

그 이전 1942년 스탈린은 극동지역에 빨치산 활동을 지원할 목적으로 하바롭스크 부근에 소련군 88정찰여단을 창설하였다. 여기에 당시 북한지역 인물인 최용건, 김일성, 김책이 소속되어 있었다. 그 후 1945년 8월 스탈린은 극동군사령관

바실 레프스키에게 "북조선을 소련의 뜻에 맞게 이끌 조선인 지도자를 추천하라."라는 지시를 하고, 사령관은 김일성 대위를 추천했다. 곧이어 9월 초 김일성은 소련군 특별수송기를 타고 모스크바로 가서 스탈린을 만났다. 그 후 9월 18일 하바롭스크에 있던 김일성 대위 외 70여 명은 소련군의 군함을 타고 원산항을 통해 북한으로 입국하였다. 소련군은 1945년 10월 14일 개최한 평양군중대회를 통해 32세의 김일성을 등장시켰다. 그리고 12월 17일 북한지역 공산당 최고지도자로 공식 발표했다. 북한의 김일성 정권의 탄생은 결국 소련의 한반도 진출을 위한 숙원 사업의 일환으로 볼 수 있다.

김일성은 1948년 소련의 사주를 받아 공산정권을 수립한 이후 공산주의와 유교적인 전통을 바탕으로 왕조적 전체주의 국가를 만들었다. 북한의 주체사상 이론가 황장엽 씨는 "김일성은 스탈린의 방법과 공자의 가르침을 바탕으로 독립적이고 강한 나라를 세울 수 있다고 믿었다."라고 증언했다. 김일성 집권 초기에는 북한 지도층의 혁명성이 강하고 인민들의 희망이 활기로 작동하여 고도성장을 이룩하였다. 거기에다 해방 직후 산업시설이 대부분 북한지역에 남아있어서 남북한 경제발전 속도에서 초기에는 북한이 앞섰다.[35] 그러나 1970

---

35) UN자료에 따르면 북한의 1970년도 당시 1인당 명목 GDP가 384달러인데 반해 한국은 275달러였다. 그러던 것이 1974년부터 북한이 515

년도에 접어들면서 남북한 간의 체제경쟁에서도 밀리기 시작
하자 김일성은 남한과의 대화를 시도하기도 했다.

2. 돌연변이 공산주의, 북한

북한은 다른 공산주의 국가들과 마찬가지로 헌법 등
그들의 통치 규범에 사회주의 또는 공산주의로 천명해
놓았다. 그러나 북한은 주체사상을 앞세워 왕조체제의
성격을 분명히 하고 있다. 북한 헌법 서문은 '조선민주
주의인민공화국은 위대한 김일성 동지와 김정일 동지의
사상과 령도를 구현한 주체의 사회주의 조국이다.'라고
해놓고 김일성, 김정일의 사상과 치적을 장황하게 부연
하고 있다. 헌법 전문에는 건국 정신이나 통치이념을 언
급하는 것이 일반적인 점을 고려할 때, 이는 북한이라는
국가가 백두혈통인 김일성 가문의 정권임을 분명히 하
는 것이다.

북한에서 헌법과 법률 등 규범들은 사실상 치장(治粧)
에 불과하다. 실제는 이들보다 상위 규범인 '당규'(黨規)

달러로, 한국의 543달러에 뒤지기 시작하였다. 북한의 '고난의 행군
시기'인 1994~1995년에는 384~222달러로 최악의 상황이었다.

가 있고, 백두혈통의 권력과 세습을 인민들에게 세뇌하기 위한 지침서 성격의 <유일영도체계확립 10대강령>이 있다. 그리고 그 위에 또 최고지도자의 '말씀'이 있다. 이들은 모두 김씨 왕조를 신격화하고 우상화하여 독재체제를 유지하기 위한 것이다. 헌법이나 법률이 있어도 그에 우선하기 때문에 법치주의와는 거리가 멀다.

2-1. 백두혈통 왕조체제

북한은 수령 절대주의 독재체제이다. 이는 일반적인 공산주의와 다르게 수령이 공산당을 대표하여 독재할 수 있게 한 제도이다. 소련 공산당과 중국 공산당도 모두 집단지도체제이다. 현재도 전체주의 체제를 유지하고 있는 중국도 7명의 정치국 상무위원이 국가의 주요한 정책결정을 하는 집단지도체제다. 당서기(주석)는 집단지도체제 내에서 서열이 앞설 뿐이다. 그러나 북한은 수령 한 사람이 공산당과 국가 전체를 이끌고 있다. 수령은 인민대중의 아버지이고 당은 어머니라는 수령-당-인민의 수직적 관계를 수립하고 있다. 북한은 김일성 이후 최고지도자는 모두 수령으로 추대되어 당 위에 군림하는 절대적인 존재이다. 그런데도 북한은 사회주의 이론에 따라 무산계급인 프롤레타리아 독재로 민주주의를 실현할 수 있다고 선전했다. 그러나 이를 두고 한 북한 출신 이론가는 무식한 사람이 유식한 사람을 지도할수 있는 사상과 문화가 없으니 독재적인 방법에 매달릴 수밖에 없다는 현실을 지적한 바 있다. 이는 오웰(George Orwell)의 『동물농장』을 연상케 하는 대목이다.

또 다른 북한 체제의 속성은 왕조체제이다. 북한은 공산주의 역사상 유례없는 권력세습을 하고 있다. 김일성-김정일-김정은에 이르기까지 3대째, 70년 이상을 부자세습으로 권력을 이어 오고 있는 왕조(王朝)이다. 북한 주민들이 세습체제를 받아들이는 것은 유교적 봉건체제의 잠재의식이 남아있다는 주장도 있다. 그러나 그것보다 북한정권의 부단한 선전으로 유아기부터 세뇌되어 인간이 개조되었기 때문이다. 북한은 유치원 시절부터 어린이들에게 김일성 가문에 대한 충성심을 심어주는 세뇌교육을 하고 있다. 북한 헌법 제49조는 '국가는 학령 전 어린이들을 탁아소와 유치원에서 국가와 사회의 부담으로 키워준다.'라고 규정하고 있다. 지금도 어린이들이 유치원에 입학하여 제일 먼저 배우는 말이 "김일성 수령님에게 감사합니다."이다. 북한 인민들의 뇌리에는 아직도 김일성 가문의 백두혈통만이 지도자가 될 수 있다는 '유일영도체계'가 각인된 것이다.

2-2. 체제유지 기제(機制)의 견고성

전체주의 국가는 반드시 이데올로기를 앞세운다. 북한의 주된 통치이데올로기는 주체사상이다. 북한 사회주의헌법 제3조에 따르면 '조선민주주의인민공화국은 사람 중심의 세계관이며 인민대중의 자주성을 실현하기 위한 혁명사상인 주체사상을 자기활동의 지도적 지침으로 삼는다.'라고 명시되어 있다. 이는 주체사상이 마르크스-레닌주의를 대체하는 것을 공식화한 것이나 다름없다. 지금은 많이 퇴색되기는 했지만, 여전히 주체사상이 주된 이데올로기로 작용하고 있으며 시기와 상황에 따라 하위 이데올로기들을 만들어 사용하고 있다. 그 대표적인 것이 김정일 시기 '선군정치'와 김정은 시기의 '핵-경제 병진노선'이라고 할 수 있다. 북한에서 이러한 이데올로기는 개인이나 집단 이성의 준칙으로 작동한다.

북한체제가 유지되고 있는 또 하나의 중요한 이유는 선전선동이다. 전체주의 국가인 북한은 정보의 독점과 선전선동이 주효하게 작동되고 있는 곳이다. 선전선동은 공산주의 이념과 이데올로기를 대중들에게 전파함으로써 유토피아 건설을 대중들에게 설득하고 현혹시키기 위해서다. 혁명 이후에도 이상사회와 현실과의 필연적 괴리를 선전선동을 통해 변명하면서 국가 동원 체제를 유지해 나가고 있다. 1917년 러시아 혁명에 성공한 레닌은 선전선동을 통해 혁명 지지자들의 신념을 더욱 견고하게 만들었고, 한편으로는 혁명 반대세력들을 혁명의 대열에 끌어들이기 위한 심리전을 펼쳤다.

북한 김일성도 혁명 과정에서는 물론 혁명 완수 이후에도 선전선동을 통해 혁명의 정당성과 사회주의 우월성을 대내외에 알리는 데 주력했다. 그러나 1990년대 초 소련과 동구 사회주의 진영의 붕괴로 사회주의 체제의 우월성에 대한 자신감 상실과 국내적으로는 혁명이 장기화하면서 선전선동의 방향과 내용에 큰 변화가 있었다. 즉 초기의 선전선동이 '혁명과 건설'이라는 순수성에 초점이 맞춰졌다면, 점차 '백두혈통 1인 독재체제'로 선전선동의 지향점이 바뀌게 되었다. 이러한 과정에서 선전선동은 김씨 가문의 우상화에 치중하게 되었고, 선전 내용은 조작과 날조가 더욱 심화되는 현상이 나타났다.

북한체제가 유지되고 봉기가 쉽게 일어나지 않는 또 다른 중요한 이유는 북한 사회가 거미줄 같은 감시 체계가 갖춰져 있기 때문이다. 감시 체계는 모든 인민이 직장과 거주지에서 공산당 조직의 감시를 받는 구조를 만들어 놓았다. 북한 인민들은 누구나 적어도 1개 또는 2개 이상의 조직이나 단위

(單位)에 가입되어 있어서 감시가 상시로 이뤄진다. 북한 노동당의 조직체계는 최말단 조직으로 '세포당위원회'(3인 이상)가 있고, 그 위로 '부문당위원회', '초급당위원회', '기관당위원회'로 연결되어 있다. 이들의 정점에는 중앙당 조직지도부가 있다. 즉 북한 주민은 누구나 노동당 조직지도부의 감시를 받게 되어있는 것이다. 그래서 조직지도부는 노동당 내에서도 가장 막강한 부서이다. 이와는 별도로, 매주 토요일마다 '총화'라는 토론회에 참석해 자신의 1주일 동안의 활동내용을 발표해야 하고, 거기서 스스로 자아비판을 하거나 참석자들의 평가를 받아야 한다.

북한은 계급 없는 평등사회라고 하지만 실상은 철저한 계급 사회로 구성되어 있다. 북한은 출신 성분에 따라 총 3개 계층과 51개 하부 계급으로 나누어져 있다. 첫째는 '핵심계층'이다. 1945년 해방 전 노동자, 빈농, 말단 사무원, 군인, 한국전쟁 당시 사망자 가족 등이 이에 속한다. 이들은 전체 인구의 약 28% 정도다. 그다음은 '동요계층'이다. 해방 전 상인, 농부, 서비스 노동자, 한국과 중국 등에서 귀화 한 가족들로서 중간 계층에 해당한다. 인구의 50% 정도가 이에 해당한다. 마지막으로는 '적대계층'이다. 해방 전 지주, 부유한 상인, 종교인, 일본 부역자 등이다. 이들은 평양 거주가 불가하며 면밀한 감시의 대상이다. 이러한 계급 사회에서 북한 인민들이 삶을 유지하는 것은 그들의 정치의식 수준이 전근대적 봉건사회의 신민(臣民)에 머물러 있기 때문이기도 하다. 조선왕조에서 일제 식민지 시대를 거쳐 바로 절대권력의 또 다른 왕조체제로 이어져 오기 때문이다. 개인의 자유와 인권 등 인류 보편적 가치를 아직 제대로 인식하지 못하고 있다.

3. 변함없는 대남(對南) 전략

북한의 대남전략은 남한을 적화통일하는 것이고, 이는 그들이 말하는 한반도에서 사회주의 혁명을 완수하는 과업이다.36) 그래서 최고지도자들은 여러 번 '통일원년'을 정해 왔고, 김정은 시기에 들어서도 2015년을 통일원년으로 설정한 바 있으나 실현되지 못했다. 북한은 남조선 해방을 위한다는 명분으로 1950년 6월 25일 남침으로 무력 통일을 시도했으나 실패했다. 그 후 1970년대를 기점으로 북한의 국력이 남한에 뒤떨어지자 남한을 무력으로 통일하기는 불가능하다는 판단에 이르렀다. 이에 김일성은 '하나의 국가, 두 개의 정부' 개

---

36) 북한 헌법 전문(前文)에 '김일성 동지와 김정일 동지께서는 나라의 통일을 민족지상의 과업으로 내세우시고…(조선민주주의인민)공화국을 조국통일의 유력한 보루로….'라고 규정하고 있다. 즉 북한에 의한 적화통일을 규정하고 있다.

념으로 연방제를 제안했다. 연방제는 완전한 통일 이전의 과도기적 대책이다. 북한이 이처럼 '변화'의 전략으로 전환하여 평화공존을 들고나온 결정적 계기는 1990년대 들어 동유럽의 붕괴다. 국내외 여건이 악화되면서 공세적인 대남전략을 포기하고, 오히려 남한에 의한 흡수통일을 우려해서 나온 대안이다. 1991년 노태우 대통령 당시 '남북 사이의 화해와 불가침 및 협력, 교류에 관한 합의서'가 체결된 것도 이러한 배경에서다.

북한은 대남전략에서도 '지속'과 '변화'라는 양면전술을 구사하고 있다. '지속'은 북한에 의해 남한을 공산화하겠다는 공세적인 전술이고, '변화'는 북한이 남한과 비교해 국력이 열세라고 판단되면 화해와 협력을 앞세운 '공존' 전술을 구사하는 것이다. 북한은 '4대강국'(사상, 정치, 군사, 경제)을 꿈꿔 왔다. 정치·사상 강국은 이미 김일성 때 주체사상을 통해 이뤘다고 판단한다. 군사강국은 김일성, 김정일 때는 완전히 이루지 못했으나 김정은 정권 들어 핵무기와 탄도미사일을 성공적으로 개발함으로써 군사강국을 이뤘다고 주장 한다. 그러나 경제강국은 아직 이루지 못하고 있다.

북한에서 "인민들에게 쌀밥에 고깃국을 먹이겠다."라는 약속은 김일성 이후 계속해서 해 온 것이다. 그러나 혁명 이후 70년이 넘게 그 희망이 현실화되지 못하고 있다. 그래서 경제강국 건설이 그들의 4대강국 건설의 마지막 목표이자 최대 과제로 남아있다. 김정은은 2013년 신년사에서 "경제강국 건설은 오늘 우리 사회주의 강성국가 건설위업 수행에서 전면에 나서는 가장 중요한 과업이다."라고 했다. 그러나 북한 스스로 경제강국 건설이 힘들다는 사실을 김정일 당시부터 인식하기 시작했던 것으로 보인다. 그래서 남한의 발전한 경제를 흡수해서 경제 강국으로 가겠다는 야욕을 품고 있을 것이다.

그래서 북한이 완전한 핵보유국으로 인정되고 있는 이 시점에 이르러 새로운 '변화'의 대남전략을 구사하고 있을지도 모른다. 2016년 이후 핵 무력 완성단계에 접어들자 남북관계에서 민족·자주 등을 유난히 자주 내세우고 있다. 이는 외세를 배격하고 '우리민족끼리' 통일을 이룩하자는 심리전이다. 북한은 김일성 당시부터 '자주', '평화', '민족대단결'이라는 '조국통일 3대원칙'을 대남통일전략의 준거로 삼아오고 있고, 7.4 남북공동성명에도 포함한 바 있다. 공산당 선전매체인 <로동신문> 등의 보도를 면밀하게 분석하면 '자주', '평화' 용어들을 선별적으로 또는 순서를 바꾸어 등장시킨다. 이는 대남전략의 우선순위를 어디에 두느냐를 암시하는 것이다. 핵무기와 탄도미사일 발사 실험 등으로 전쟁 분위기를 한층 고조시킨 이후 '평화'를 언급하는 것은 남한 당국과 국민들에게 안보 불감증을 조성하는 것이다. 그러다 어느 정도 시간이 지나면 '자주'를 들고나오게 된다. 자주는 김정일 이후부터는 '우리민족끼리'라고 표현이 바뀌면서 외세를 배격한 민족주의에 호소하는 선전선동 용어로 사용되고 있다. 평화와 자주는 결국 '종전선언', '평화협정체결' 등으로 이어지고, 이는 주한미군철수와 한미동맹의 와해로 연결하겠다는 의도가 깔린 것이다.

4. 김정은의 생존 통치술

4-1. 젊고 유능한 지도자상 부각

김정은은 부자(父子) 세습을 통해 최고지도자에 오르기는 했으나 선대(先代)와 달리 권력 기반이 약했다. 그는 백두혈통이기는 하지만 출신 성분이 낮은 재일동포 고영희의 아들로 태어나 태생적으로 김정일과는 달랐다. 그리고 20년 이상 후계자 수업을 받고 권력을 넘겨받은 김정일보다 지도자로서 수련 기간도 짧았다. 그리고 권력을 이양받을 당시 김정은의 나이는 28세에 불과했다. 즉 출신 배경과 경륜 등 통치를 위한 카리스마와 능력이 부족했다. 이러한 여건에서 김정은은 권력 기반을 조기에 공고히 하기 위해 무리수를 두는 한편, 새로운 지도자의 이미지를 만들 필요가 있었다. 김정은 정권 초기의 공포정치가 바로 그것이다. 대표적인 공포정치의 사례는 2013년 12월 고모부인 장성택을 기관총으로 무참히 처형한 것을 꼽을 수 있다. 그 후에도 김정일 당시 권력 핵심 세력과 노회한 군 간부들을 숙청해 오고 있다.

또한, 권위적이고 은둔형 지도자였던 김정일과 달리 그는 인민 친화적 지도자로 탈바꿈하고 있다. 한편, 할아버지 김일성을 흉내 내어 지방과 군부대를 공개적으로 자주 시찰하는가 하면, 심지어 외모까지 닮게 해 김일성의 카리스마를 본받으려고 했다. 북한에서는 새해 신년사가 한해의 정책 방향을 제시하는 것으로 그 의미가 매우 크다. 김정일은 보통 <로동신문> 보도를 통해 신년사를 발표했지만, 김정은은 <조선중앙TV>를 통해 직접 낭독하는 이벤트를 벌이는 등 김일성을 흉내는 모습을 보였다. 군부대를 방문해 여성 전투조종사와 사진을 찍고, 부인 리설주를 자주 대동해 팔짱을 끼는 모습을 연출하면서 새로운 지도자 이미지를 만들어 가고 있다. 경직된 북한 사회에서 최고지도자의 이미지를 친인민적으로 과감하게 바꿀 수 있었던 것은 담당 부서인 노동당

선전선동부 부부장이었던 여동생 김여정이 상당한 역할을 한 것으로 보인다.

4-2. 공포정치와 무력시위

공포정치는 전체주의 국가의 공통적인 현상이다. 아렌트(Hannah Arendt)가 '공포가 최고의 심리전'이라고 했듯이, 그 주장이 사실로 확인되는 곳이 북한이다. 인간은 한번 공포감을 느끼면 자아실현이 제대로 되지 않는다. 김정은이 공포정치에 매달리는 이유는 앞에서도 언급했듯이 통치 여건이 여의치 않고, 본인의 한계성에서 오는 측면이 강하다. 2011년 김정은 집권 이후 북한은 그 이전보다 더욱 힘든 상황으로 접어들었다. 그간 누적되어 온 만성적인 경제난과 핵무기 개발에 따른 외부세계의 경제제재, 거기다 젊은 나이에 백두혈통의 정통성마저 부족한 지도자였기 때문이다. 북한에서 공개 총살은 김일성 때부터 있었다. 그런데 김정은 정권 들어서는 고모부 장성택 이외 현재까지 당·정·군 간부 70명 이상을 처형한 것으로 알려져 있다. 2012년 7월 이영호 총참모장, 2015년 4월 현영철 인민무력부장의 처형에 이어 2017년 2월에는 이복형인 김정남을 독살하기에 이르렀다.

김정은 시대에 접어들어 가장 큰 변화는 핵무기 개발과 탄도미사일 발사 성공으로 그들이 말하는 군사강국의 반열에 들어선 것이다. 북한이 핵무기를 갖는 의미는 그들이 항상 강조해 온 '자주'를 실현하는 안전장치를 확보하는 것이다. 누구도 쉽게 침범할 수 없고, 누구에게도 의존할 필요가 없는 무기를 갖게 된 것이다. 특히 핵무기 완성은 김일성, 김정일에 이어 3대에 걸쳐 완수한 위업이다. 또 핵무기 운송수단인 미사일 개발에도 박차를 가하고 있다. 1970년대 후반부터 소련 스커드 미사일을 분해하여 자체 기술로 발전시키기 시작한 북한은 현재까지 성능과 사정거리를 늘여 오면서 다양한 미사일을 보유한 군사강국에 이르렀다. 2017년 11월에는 미국 동부까지 타격이 가능한 것으로 평가되는 대륙간탄도미사일(ICBM) 화성15형 시험 발사에 성공하였다. 그리고 2019년 10월에는 잠수함발사탄도미사일(SLBM)까지 성공적으로 발사하였다고 주장하고 있다. 최근에는 기동성을 높이기 위해 고체연료를 장착한 탄도 미사일을 개발하고, 남한을 정밀타격하기 위한 단거리 미사일과 신종 방사포 등을 개발하고 있다.

4-3. 사회주의 정상국가 변신 노력

김정은은 대내외적으로 어려운 시기에 권력을 이양받았음에도 불구하고 예상을 깨고 권력 기반을 공고히 한 것으로 보인다. 거기에는 노동당의 역할이 컸을 것이다. 김정일시대는 군(軍)의 역할이 비정상적으로 비대하여 당(黨)의 존재가 당-국가체제에 걸맞지 않았다. 그래서 김정일이 사망하기 얼마 전부터 당을 제자리로 돌려놓기 위한 작업을 시작했다. 이 유업(遺業)을 김정은이 받들어서 적극적으로 추진하고 있다. 그 과정에서 군부의 반발도 있었으나, 김정일시대와 달리 당을 중심으로 하는 공산주의의 권력구조를 복원하고 있다.

김정은 시대에 접어든 이후 당의 위상이 높아진 징후는 여러 곳에서 나타난다. 김정일 당시에는 당 대회는 물론이고 당 전원회의, 정치국상무위원회도 거의 열리지 않았다. 북조선 노동당의 최고 의사결정 기구인 당 대회는 당의 규정상 5년에 한 번씩 개최하게 되어 있으나, 1980년 6차 당 대회 이후 줄곧 열리지 않다가 김정은 시대인 2016년 5월 7차 당 대회를 36년 만에 개최하였다.[37] 그리고 2019년 12월 19일 노동당 중앙위원회 전원회의가 3일간 개최되었다. 이는 김일성 시절 이후 29년 만의 일이다. 그 외, 노동당의 핵심 기구인 정치국과 중앙군사위원회가 김정일시대보다 자주 열리고 있고, 여기서 중요한 정책들과 인사 내용이 결정되는 것에서 당의 위상이 달라졌음을 알 수 있다.[38] 또한, 김정은 체제 이

---

37) 당 대회 기록: (1차) 1946.8, (2차) 1948.3, (3차) 1956.4, (4차) 1961.9, (5차) 1970.11, (6차) 1980.10.

후 노동당 내 세대교체가 빠르게 진행되고 있다. 2011년 김정일 사망 직후 노동당 정치국 위원 전원의 평균 나이 78.5세로 당시 북한의 일반인 평균 수명 68세에 비해 높았다. 그러나 최근 정치국 위원 평균 나이는 적어도 5살 이상 낮아진 것으로 알려진다. 특히 당-국가체제의 회복으로 당에 힘이 실리고, 젊어진 당 지도부로 재정비된 노동당은 선대 선군정치로 막강해진 군부를 장악하는 등 지지기반이 약했던 김정은의 통치 기반을 구축하는 데 역할을 하는 것으로 평가된다.

여기서 북한 노동당에 대해 살펴보면, 핵심부서는 조직지도부와 선전선동부다. 북한 노동당의 쌍두마차라고 할 수 있다. 김일성은 "조직지도부는 의사이고, 선전선동부는 약사다."라고 말한 것을 보면 조직지도부가 기획하고 진단하는 머리에 속하고, 선전선동부는 치유하고 집행하는 손발에 해당한다. 조직지도부 산하에는 '당 역사연구소'와 '당 문헌보관소'가 있다. '당 역사연구소'에서 최고지도자의 '교시', '말씀', '지적'들을 체계적이고 그럴듯한 언술(言述)로 만들어 낸다.39) 이를 조직지도부는 전국적인 조직망을 통해, 선전선동부는 선전매체를 통해 담론으로 전파된다. 그런 언사들을 사료(史

---

38) 안희창, "김정은시대 사회통제 특징", 서울: 명인문화사, 2016, 참조.
39) 김일성의 언술은 '교시', 김정일은 '말씀', 김정은은 '지적'으로 확연히 구분하여 사용하고 있다.

料)로 보관하는 곳이 '당 역사문헌보관소'이다.

4-4. 먹고사는 경제문제 해결

북한 인민들은 혁명 이후 줄곧 경제난과 가난에 허덕이고 있다는 것은 이미 주지의 사실이다. 비현실적인 공산주의 계획경제가 주된 원인이지만, 핵무기 개발 등 무력시위로 인한 외부세계의 경제제재가 이를 더욱 가중시켜 왔다. 1994년부터 시작된 '고난의 행군' 시기에는 2백만 명 이상이 굶어 죽는 일이 일어나기도 했다. 그 이후 북한의 중요한 통치 수단으로 역할을 했던 배급제가 중단되었다. 계속되는 경제난과 배급제 중단으로 북한 주민들은 각자도생(各自圖生)의 길을 갈 수밖에 없게 되었다. 이는 그동안 이상사회를 꿈꾸어 왔던 북한 주민들에게는 공산주의 체제에 대한 회의감을 들게 하고, 북한 지도부에 대한 신뢰를 잃게 만들었다. 김정은 집권 시기 북한의 상황은 김일성, 김정일 통치 시기보다 여건이 더 좋지 않다. 김일성이 통치하던 당시에는 혁명의 순수성과 김일성 개인의 카리스마, 그리고 사회주의 경제권과의 상부상조로 일정한 수준의 경제력을 유지해 왔다. 또한, 김정일시대에는 김일성이 이룩해 놓은 물질적 기반 위에서 근근이 버텨 왔다. 그러나 김정은은 고난의 행군이 끝나고 배급이 중단되어 민심이완 현상이 심화되고 있는 시기에 권력을 이양받았다. 아무리 전체주의 독재국가라 하더라도 통치는 먹고사는 현실적인 문제가 최소한 해결되어야 작동하는 법이다. 2012년 4월 김일성 탄생 100주년 기념사에서 김정은이 "우리 인민이 다시는 허리띠를 조이지 않게 하며 사회주의 부귀영화를 마음껏 누리게 하자는 것이 우리 당의 확고한 결심"이라고 했던 것은 인민들의 경제문제 해결이 중요하다는 지도자의 의지를 나타낸 것이다.

북한 경제는 크게 민수경제(民需經濟)와 군수경제(軍需經濟)로 나눌 수 있다. 그 외 궁정경제(宮政經濟)라고 할 수 있는 최고지도층을 위한 경제부문이 따로 있다. 이는 군수경제와 궁정경제의 규모가 크기 때문에 붙여진 이름이다. 그 외 일반대중을 위한 암시장과 최근 부쩍 늘어나고 있는 '장마당'이 있다. 군수경제는 북한이 그간 병영국가(兵營國家)로 유지하기 위해 군사력 증강과 유지에 막대한 국가재원을 배분하고 있기 때문에 그 비중이 크고, 북한의 민간경제에도 큰 영향을 미치고 있다. 궁정경제는 북한의 최고지도층을 위한 별도의 경제부문으로, 이는 북한이 독재정권을 유지하기 위한 필요한 통치자금을 조달하는 곳이다.[40]

---

40) 궁정경제는 주로 북한 노동당 39호실에서 관리하는 것으로 알려져 있다.

북한 당국은 인민경제가 힘들 때마다 미온적이지만 경제개선조치를 취해 왔다. 2002년 소위 '7·1조치'로 농산물 위주의 농민시장에 공산품과 수입상품까지 거래를 허용하였다. 2003년 5월 전국에 암시장을 양성화하여 300여 개의 종합시장이 설치되기도 했다. 개인은 물론 국영기업소, 협동단체도 종합시장에서 상품을 판매하고 구매할 수 있도록 허용되었다. 국영상점들은 개인에게 위탁경영을 할 수 있도록 했다. 이러한 조치들로 형성된 상인계급이 약 10% 이상인 것으로 알려져 있다. 그 가운데는 중국경제 의존도가 높은 북한에서 중국 출입국이 자유로운 6천여 명의 화교(華僑)가 가장 유력한 집단으로 되어 있고, 또한 상인계급 가운데는 신흥자본가로 볼 수 있는 '돈주'도 생겨나고 있다. 돈주가 되는 과정은 장사를 통해 자본을 축적하는 사람들도 있지만, 당료나 군 간부들이 권력을 이용해서 상인들로부터 취득한 재력으로 되는 경우도 있다.41)

철저히 국가 통제경제인 북한이 경제난을 극복하기 위해 내부적으로는 생산성을 증대시키기 위해 자율권을 일부 허용하고 인센티브제를 확대하는 경제관리개선조치를 취하면서, 대외적으로는 외국자본을 유치하기 위한 필요

---

41) 양문수(편), 『김정은 시대의 경제와 사회』, 북한연구학회, 서울: 한울, 2014, 참조.

한 조치들을 취해 왔다. 2012년부터 북한은 '우리식 경제 관리법'(6.28방침)을 제정하여 자율권과 인센티브를 늘리는 한편, 관광특구를 지정하여 외국자본 확보와 관광객 유치를 도모하고 있다. 6.28방침의 일환인 '포전관리제'는 3~5명의 농민에게 일정한 토지를 맡겨 농사를 짓게 하여 농산물 일부를 국가에 헌납하고 나머지는 자유롭게 처분할 수 있도록 하는 일종의 인센티브 제도로써 농민들의 생산 의욕을 높이기 위한 것이다.

'장마당'은 일종의 암시장 형태로 운영되고 있으며 생필품이 주로 거래된다. 여기가 북한의 초기 단계 시장경제가 작동하는 곳이기도 하다. 배급제가 없어진 북한에서 당국도 묵인할 수밖에 없는 상황에 이른 것이다. 북한 전역에 이미 700여 개의 장마당이 있다고 전해진다. 탈북자 출신인 주성하 씨는 장마당 이외 자본주의 시장경제가 뿌리내리고 있는 '평양의 부동산 붐' 현실을 다음과 같이 설명한다. "굶주린 평양시민들은 배급으로 받았던 아파트를 달러로 바꾸기 시작했다. 고난의 행군 시기 평양 모란봉구역 북새거리의 30평형대 아파트가 5천 달러(약 6백만 원)에 팔렸다. 그 후 10여 년이 지난 2016년에는 20만 달러(약 2억 4천만 원)를 넘어섰다. 그들이 항상 '철천지원

수'로 부르는 미국의 화폐인 달러로 거래되고 있다.”[42] 장마당과 함께 부동산에서 불기 시작한 시장경제의 바람이 북한을 변화시키고 있다.

4-5. 핵·경제 병진 노선

북한체제의 또 다른 속성은 병영국가(兵營國家)이다. 국가 재원을 군사비에 과다하게 지출하기 때문에 인민들의 삶은 궁핍해질 수밖에 없다. 북한은 2016년 개정 헌법 서문에 '핵 보유국으로, 무적의 군사강국으로 전변'했다고 명기하고 있다. 이는 대내적으로는 그동안 핵무기 개발과 군사비 과다 지출로 인해 허리띠를 졸라맨 인민들에게 핵보유국이 된 것을 성과로 내세우는 한편, 대외적으로는 핵보유국임을 천명하는 의도가 있는 것이다. 다른 한편으로는 핵개발이 끝났으니 이제부터라도 경제를 살려 인민들의 삶을 실질적으로 향상시키겠다는 의지의 표명이기도 하다. 그것이 '핵·경제 병진' 노선의 채택이다. 2013년 3월 31일 조선노동당 중앙위원회 전원회의에서 경제건설과 핵 무력 건설을 병진시킬 것을 새로운 전략으로 결정했다. 핵·경제 병진 노선이 가능한 것은 핵무기 완성으로 체제 안전을 확보했기 때문에 재래식 군사비에 투자될 재원을 줄이고 경제발전에 투자하여 본격적인

---

42) 주성하,『서울과 평양 사이』, 서울: 도서출판 기파랑, 2017, P.13.

민수경제를 향상시켜 나갈 수 있기 때문이다. 그 회의에서 김정은은 핵·경제 병진 노선을 "국방비를 늘리지 않고 적은 비용으로 나라의 방위력을 더욱 강화하면서 경제건설과 인민 생활 향상에 큰 힘을 돌릴 수 있게 합니다."라고 한 것이 바로 그 뜻이다.

핵·경제 병진 노선이 시사하는 것은 두 가지다. 하나는 절대로 핵을 포기하지 않겠다는 것이고, 다른 하나는 앞으로 김정은의 최대 역점은 경제에 있다는 것이다. 그래서 미국 등 서방세계가 경제제재로 북한이 핵을 포기할 것으로 보는 것은 잘못된 판단이다. 김정은은 2019년 신년사에서 "북한은 핵무기를 생산, 실험, 사용, 확산하지 않겠다."라고 했다. 핵을 폐기하겠다는 것이 아니다. 이는 이미 개발한 핵은 보유하겠다는 뜻이다. 2018년 폼페이오 미국 국무부 장관이 미·북 3차 협상을 위해 평양을 방문하여 핵 리스트를 요구하면서 북한 핵무기의 60%만 먼저 미국 또는 해외로 반출하여 폐기하라고 요구했다는 언론 보도에서도 북한이 핵보유국으로 인정받고 있다는 것이 반증되고 있다. 이러한 북한 핵무기는 사용 여부를 떠나 남한을 적화통일하기 위한 가장 강력한 정치적·군사적인 수단이 되는 것이다. 그리고 인민들은 이미 가난과 허리띠를 졸라매는 데 익숙해져 있다. 그리고 북한 당국은 이를 지도층이 통치를 못 해서가 아니라, 모두 미국 등 서방세계의 경제적 압박 때문이라고 선전하고 있다. 김정은은 미북회담 또는 남북회담에서 경제제재가 풀리지 않자 이미 인민들에게 제2의 '고난의 행군'을 언급하고 있다. 북한의 김 씨 왕조가 유지되는 한 핵무기는 생명줄과 같아서 끝까지 잡고 있을 것이다. 핵무기는 김일성 백두혈통 가문의 성과이자, 그들의 권력을 지속해 나가는 담보물이기 때문이다.

북한이 핵무기 개발 이후 북미, 남북회담 등을 통해 그들이 얻고자 하는 것은 경제발전을 위한 서방세계의 제재 해제와 그에 따른 외자 유치다. 2013년 5월 29일 최고인민회의 상임위원회에서 '경제개발구법'을 제정하였다. 이 법에는 외국의 법인, 개인, 경제조직, 해외동포는 경제개발구에 투자할 수 있고, 경제활동을 할 수 있게 되어있다. 그러나 북한은 자본주의 시장경제의 무분별한 침투를 거부하고 있기 때문에 경제개발구법은 결국 외국자본은 북한이 지정하는 제한된 구역 내에서만 경제활동을 허용하는 것이다. 중국에서 보듯이 사회주의 체제에서 개방은 국제적 규범을 받아들이고, 국제분업의 이익을 얻기 위해 경제제도를 국제 수준에 맞추는 것이다. 그리고 개혁은 기존의 사회주의 체제 내에서의 미온적 개선이 아니라 사유화와 자유화로 대표되는 시장경제체제를 향한 제도의 변화를 의미한다. 그런 관점에서 보면 북한은 개혁개방이 아니라 여전히 기존 경제체제를 고수하면서 경제발전을 도모하고자 하는 것이다. 이는 시장경제 체제가 궁극적으로는 북한체제의 붕괴를 초래할 수도 있다는 우려에서 기인하는 것이다. 결국, 체제전환과 경제발전의 딜레마에 봉착해 있는 것이다.

제5부

대한민국의 탄생과 발전

1. 일본 식민통치에서 해방된 남한

일본의 한반도 식민지배는 제국주의 세력 확장을 위한 발판으로 삼기 위해서였다. 한국이 일본의 식민지배를 받게 된 발단은 1905년 7월 27일 일본 수상 가츠라와 미국 육군장관 태프트가 '카츠라-태프트 밀약'(The Katsura-Taft Agreement)을 체결하여 미국은 일본의 식민지인 필리핀을 공격하지 않는 대신, 일본은 한국을 보호국으로 삼는다는 것에 합의한 것이다. 그 후 대한제국이 1910년에 일본에 합병되었다. 일본은 1931년 중국 본토를 침략하면서 한반도를 군사보급의 기지화를 하였다. 한반도의 모든 인적·물적 자원을 보국대(報國隊) 또는 정신대(挺身隊) 이름으로 차출하여 자국의 전쟁에 동원했다. 한반도에서의 모든 산업과 농업은 일본의 전쟁 물자를 생산하여 보급하는 군수품 조달 역할을 했다. 특히, 산업부문은 일본인들이 소유하고 경영하였다. 1938년도 자료에 의하면 한반도 제조업의 90%, 광산업의 95%가 그러했다. 그래서 해방이 되자 기술자들의 80%가 일본인들이었고, 이들이 떠나면서 한반도는 가동이 중단된 공장과 광산들만 남겨진 황폐한 국토였다.[43]

해방의 감격은 잠시, 또 다른 시련이 다가왔다. 제2차 대전에서 연합군의 승리로 독립은 되었지만, 한반도 분단이라는 비극이 닥쳤다. 1945년 8월 9일 소련군은 일본에 선전포고하고 만주와 북한지역에 신속히 진격해 점령하였다. 며칠 후 전쟁이 끝나자 미국으로서는 한반도 전체가 소련의 점령 아래에 놓이는 것을 우려해 한반도를 임의로 분단하는 데 동의하였다. 소련의 한반도 진출 야욕은 이미 앞에서 설명했듯이 러일전쟁에서 패배한 스탈린이 40년 동안 기다려 왔던 것으로, 절호의 기회를 잡은 것이다.

남북분단 이후 북한에는 소련군이 진주하고, 그 한 달 뒤인 1945년 9월 8일 미군이 인천을 통해 남한에 들어왔다. 소련과는 달리 준비가 안 된 미군정(美軍政)이 시작되었다. 총체적으로 위기 상황인 데다 갑자기 결정된 미군정은 고전했다. 그래서 일본 식민통치의 구조를 그대로 유지하고,

---

43) 김충남, 『대통령과 국가경영』, 서울대학교 출판부, 2006, pp.43-44.

식민정부에서 일했던 한국인 경찰과 관리들을 재임용하여 일하게 했던 것으로 보인다. 미군정은 이러한 상황에서 민주주의 제도를 도입하여 혼란을 가중시킨 측면도 있다. 당시 300여 개의 정당과 사회단체가 난립하였다. 미군정은 대의기관인 과도입법의회와 정부조직이 정치적 중립이어야 한다는 원칙에 사회주의자들까지 무분별하게 받아들였다. 또한, 사회주의자들에게 그들의 선전선동 수단인 신문·잡지 발행을 허용하기도 했다. 그래서 남한에서도 사회주의 조직인 남로당(南勞黨)을 위시한 좌익단체들이 자유롭게 설립되고 활동할 수 있었다. 남로당을 이끌었던 박헌영(朴憲永)은 1946년 미군정의 검거를 피해 영구차 행렬로 위장해 북한으로 피신하여 활동하다 6.25 전쟁에 북한군으로 참전하기도 했다. 전쟁이 실패로 끝나자 1953년 김일성은 박헌영을 포함한 남로당계 사회주의자들을 모두 숙청하였다.

이러한 민족적 비극인 남북분단에는 2차 대전 종전과 직접적인 관련이 있다. 1943년 미국(루스벨트), 영국(처칠), 중국(장개석)이 서명한 '카이로 선언'에 한국 문제가 포함되었다. 제5항(특별조항)에 "현재 한국민이 노예 상태 아래 놓여 있음을 유의하여 앞으로 '적절한 절차'(in due course)에 따라 한국은 자유와 독립을 얻게 될 것이다."라는 구절을 포함시켰다. 여기서 강대국들이 말한 '적절한 절차'가 40~50년 정도의 신탁통치를 의미한 것이다. 그 후 1945년 2월 얄타회담에 이어 12월 28일 모스크바에서 개최된 미국, 영국, 소련 외무장관회담에서 한반도 신탁통치를 추진하기 위해 미·소공동위원회 설치에 합의하기까지 했다. 그러나 미국과 소련의 대(對)한반도 정책이 일치하지 않았고, 신탁통치 반대 여론이 크게 일어나 남북한에서 각각의 정부를 수립하게 되었다. 이 때부터 남쪽은 자유민주주의, 북쪽은 공산주의 이념으로 한반도에서 냉전체제가 시작되었다.

2. 대한민국의 건국, 경제발전, 그리고 민주화

2-1. 자유민주주의 체제 선택

1948년 8월 15일 건국된 대한민국은 큰 혼란과 빈곤에서 출발하였다. 당시 한국의 1인당 GNP가 67불이었고, 해방 이후 좌우익의 대립은 계속되고 있었다. 이러한 상황에서 자유민주주의를 국가 이념으로 채택한 것은 대한민국의 국운(國運)이라고 할 수 있다. 거기에는 이승만이라는 특출한 인물이 있었기에 가능했다. 이 때문에 여기서 이승만 대통령의 이력을 살펴볼 필요가 있다. 그는 학창 시절 미국인 선교사 아펜젤러(Henry G. Appenzeller)가 세운 배제학당에서 수학하면서 자유, 평등, 정의 등 서양 사상을 접했다. 그 후 그는 조지 워싱턴 대학에서 학사학위, 하버드 대학에서 석사학위를, 프린스턴 대학에서 국제관계 연구로 박사학위를 받았다. 당시 프린스턴 대학 총장이었던 우드로 윌슨(Woodrow Wilson)과 친분을 쌓았고, 나중에 미국의 대통령이 된 윌슨의 '민족자결주의'가 이승만의 독립운동에 큰 영향을 미쳤다. 당시 이승만의 자유민주주의 사상과 국제정세에 대한 식견이 대한민국의 역사를 바른길로 접어들게 한 큰 요인이라 할 수 있다.

1910년 10월 이승만은 귀국하여 서울 기독교 청년회(YMCA) 총무를 맡고 한국인들에게 독립정신을 함양시킨다. 그러자 일본 경찰이 그를 체포 대상으로 삼자 장기적인 독립운동을 계획하고 하와이로 출국하여 해외에서 독립운동을 계속하였다. 1919년 3.1운동이 일어나자 중국, 시베리아 등에서 활동하던 독립 운동가들이 이승만을 상해임시정부의 대통령으로 추대했다. 이승만이 1941년 펴낸 책 『Japan Inside Out』(일본군국주의 실상)에서 일본이 아시아를 침탈한 후 곧 미국을 공격할 것이라는 내용대로 그해 12월 7일 일본이 진주만을 공격하자 그의 국제정치적 판단력이 입증되기도 했다. 또한, 그는 미국 루스벨트(Franklin D. Roosevelt) 대통령에게 보낸 서한에서 소련의 한반도 공산화 기도로 인해 장차 한반도에서 공산주의와 자유민주주의 간의 냉전 상태가 전개될 것이라고 예견한 것이 현실로 나타나기도 했다.

　1945년 일본이 항복하자 이승만은 망명 생활을 끝내고 고국으로 돌아왔다. 해방정국은 공산주의, 사회주의 조직과 단체들의 활동으로 극도로 혼란스러웠다. 이승만 대통령은 이미 공산주의 소련의 한반도 진출 야욕을 알고 있었고, 자유민주주의에 대한 신념이 있었기 때문에 철저히 반공주의를 내세웠다. 그리고 그는 당시 국제정세의 흐름을 파악하고 있었기에 신탁통치에도 단호히 반대했다. 특히 그는 소련 공산당을 연구하면서 공산주의 폐해에 확신을 가졌던 것 같다. 그러나 남로당을 중심으로 한 좌익세력들은 처음에는 신탁통치를 반대했으나 1946년 1월 소련의 지령을 받고 나서 찬성으로 돌아섰다. 남로당 당수 박헌영은 그해 1월 8일 기자회견을 통해 "한반도는 장차 소련의 연방이 되어야 한다."라고 말한 것으로 보아 신탁통치에 동조한 것이다. 그러나 일반 백성들의 강력한 반대와 이승만, 김구 등 민족지도자들의 반대가 심해지면서 1947년 8월 미·소공동위원회는 결렬되고, 신탁통치도 이뤄지지 않았다.

그래서 이승만은 한반도 전체를 대상으로 자유민주주의 정부의 수립은 소련의 반대가 있어 불가능할 것으로 판단하고, 우선 남한만이라도 민주정부를 수립하기로 한 것이다. 그러나 좌익세력들은 남한만의 단독정부 수립에 강력히 반대했다. 그리고 김구 등 민족주의자들도 남한만의 단독정부 수립에 반대하고 통일정부 수립을 주장했다. 김구 등 정치지도자들은 1948년 4월 18일 통일정부 수립을 위한다는 명분으로 평양에서 개최된 '남북제정당사회단체대표자연석회의'에 김일성의 초청으로 참석하기도 했다. 여기서 남한 단독선거 반대, 미국과 유엔 한국위원단 규탄, 외국군 즉각 철수 등을 결의했다. 그러나 결국 남북 통일정부 수립을 위한 민족지도자들의 노력은 미·소간의 이념 대립으로 결실을 보지 못했다.

1948년 5월 10일 유엔 한국 임시위원단 감시하에 남한지역에서 총선거가 실시되어 제헌의회가 출범했다. 그리고 7월 20일 국회에서 이승만을 대통령으로 선출하였다.[44] 한편, 북한에서는 같은 해 9월 9일 조선민주주의 인민공화국을 수립하고 36세의 김일성을 수상으로 선출했다. 사실 북한은 1945년 9월 스탈린이 북한지역의 단독 사회주의 정부를 수립하라는 지령에 따라 북한 단독의 공산당 조직인 현재의 '조선노

---

44) 투표 결과 이승만 180표, 김구 13표였다.

동당'45)이 창당 절차를 밟고 있었고, 1946년 2월에는 '북조선 임시인민위원회'가 이미 설립되어 있었다. 즉 북한에서는 남한보다 먼저 소련군의 지원 아래 김일성이 북한 공산주의 단독 정권수립을 준비해 오고 있었다.

2차 세계대전이 끝나자 식민지배에서 벗어난 많은 신생국이 생겨났다. 신생국 중 대부분은 사회주의 유혹에 넘어가거나 다시 독재정권으로 전락했다. 그러나 반쪽이기는 하지만 남쪽 대한민국은 세계가 놀랄 정도로 눈부신 발전을 해 왔다. 물론 국민의 피나는 노력도 있었으나 그 노력이 결실을 볼 수 있도록 한 체제, 즉 자유민주주의와 시장경제 체제를 채택했기 때문에 가능했다. 체제 선택의 중심에는 시대를 앞서간 이승만이라는 지도자가 있었다. 그는 6.25 전쟁 중 '남한 단독 북진'이라는 지렛대로 1954년 '한미상호방위조약'을 이끌었고, 오늘날까지 한미동맹을 통해 안보의 안정장치를 마련하여 국가발전을 가능케 했다. 초대 대통령으로서 이승만은 대한민국이라는 국가의 기틀을 만들었다. 그래서 그를 '건국의 아버지'(Founding Father)라고 부르기도 한다. 이승만

---

45) 서울에 본부를 두고 있던 '조선공산당'은 1945년 10월 북한지역에 분국(分局) 형태로 '조선공산당북조선분국'을 개설하였고, 1945년 12월 김일성이 이를 '북조선공산당'으로 개편하고, 이후 1949년에 '조선노동당'으로 개편하여 현재에 이르고 있다.

대통령에 대한 평가에서 가장 중요한 것은 공산주의 이념에 대한 경계심으로, 적어도 남한에서나마 막아낸 것이다. 그러나 이승만 대통령에 대한 부정적인 평가가 있는 것도 사실이다. 분명한 것은 전직 대통령에 대한 합리적인 평가는 시대적 상황을 고려해야 한다. 어떤 지도자도 100% 공(功)만 있는 것이 아니다.

2-2. 기적의 경제발전 토대 마련

이승만 대통령이 1960년 3.15 부정선거로 촉발된 4.19혁명으로 물러나고 민주당 정권이 들어섰다. 당시는 내각제로써 집권당인 민주당의 장면(張勉) 정권 역시 부정부패가 만연했고, 정치적 혼란은 계속되었다. 이러한 국가적 위기를 구하기 위해 박정희 육군 소장이 1961년 5월 16일 군사적 정변을 일으켰다.46) "이 군사혁명은 환자의 생명을 구하고 건강을 회복시키기 위해 수술의 고통을 주는 의사와 같은 마음으로 착수했다."47)라는 당시 박정희 장군의 말에서 그를 중심으로 한 장교들은 오랜 기간 혼란스러운 정치현실, 빈곤에 허덕이는 경제상황, 그리고 북한의 위협 등을 지켜보면서 국가를 위기에서 구하고 국가발전을 위해서는 최후의 보루인 군이

---

46) 5.16 군사정변을 '쿠데타'로 보느냐, '혁명'으로 보느냐에 대한 논쟁은 계속되고 있다.
47) 박정희, 『우리 민족의 나아갈 길』, 김충남, 앞의 책, 재인용.

나서야 한다는 소명 의식이 있었던 것으로 보인다.

박정희 장군은 만주 신경군관학교에 지원하여 2년의 예비
과정에서 수석 졸업을 하고, 그 후 동경에 있는 일본 육군사
관학교에 입학하여 1944년 4월에 졸업하였다. 소위로 임관된
그는 만주지역의 일본 관동군에 1년여의 복무 중 일본이 항
복하자 북경에 있는 임시정부 산하 광복군 평진대대(平津大
隊)에 중대장으로 부임하기도 했다. 해방과 함께 그해 귀국하
여 국방경비대 장교양성과정에 입학하여 1946년 12월에 장교
로 임관되었다. 그 후 1950년 한국전쟁이 발발하면서 다시
소령으로 재임용되어 전투에 참여하는 등 군인의 길을 걸었
다. 군에서부터 검소하고 강직한 군인으로 정평이 나 있었던
박정희 장군은 혁명 직후부터 사회정화 작업에 착수했다. 부
정축재처리법을 제정하여 부정축재자들을 처벌하고, 정치정
화법을 제정하여 과거 자유당과 민주당 정권 당시 부패한 정
치인의 정치활동을 금지했다. 그리고 4.19혁명 이후 우후죽순
생겨난 언론들을 정비하였다.

한 국가가 제대로 형성되어 발전하기 위해서는 기본적으로
안보, 경제, 정체성 등 3가지를 확실히 다져나가야 한다. 박
정희 군사정권도 국가안보와 경제발전을 우선 국정과제로 정

하고 국가발전 전략을 세웠다. 혁명 직후 1961년 6월 10일에 중앙정보부(현재 국가정보원)를, 7월 21일에 경제기획원(현재 기획재정부)을 창설하였다. 중앙정보부의 중요한 역할은 국내외 체제분열 세력을 색출하여 국가의 안전을 확보하는 것이었고, 경제기획원은 정부의 경제개발계획의 컨트롤타워 역할을 하는 것이었다. 1962년 1월 1일 경제기획원은 제1차 경제개발 5개년계획(1962~1966)을 발표하였고, 그 기간 중 8.3%의 고도성장을 이룩했다.[48] 박정희 대통령이 경제발전에 박차를 가한 데는 북한과의 체제경쟁이 크게 작용했다. 북한은 일제 당시 가동된 발전소, 제철소 등 산업기반과 풍부한 지하자원이 있어 산업발전의 여건을 갖추고 있었다. 거기다 혁명 초기의 역동성과 동원력에 힘입어 김일성 정권 초기의 경제력은 남한보다 우세했다. 그런 추세로 나가다간 북한 주도로 통일될 수도 있다는 불안감마저 있었다. 그러한 상황에서 그는 '조국근대화'와 '자주국방'이라는 슬로건으로 국가발전의 국민적 합의를 이끄는 데 성공하였다.

그 당시 미국의 케네디 정부는 소련의 공산주의 세력의 팽창을 우려하여 한국의 공산화를 막기 위해서라도 식량 원조와 경제발전을 지원하기로 방침을 정했다. 그리고 한국의 산

---

48) 경제개발 5개년계획은 1962년부터 1981년까지 4차례나 계속되었고, 한국경제 발전에 크게 기여하였다.

업화를 위해 한일관계의 정상화가 필요하다고 판단한 미국 정부는 박정희 정부가 한일 국교정상화를 적극적으로 추진하도록 지원하기도 했다. 그 후 외자 유치와 지원이 활발하게 이뤄졌다. 1960년대 경공업 중심의 수출지향적인 정책을, 1970년대에 들어서면서 그간 수입에 의존하던 철강, 자동차, 조선 등을 국내에서 생산하는 중화학공업정책을 펼친 결과, 오늘의 포항제철, 현대자동차, 현대중공업 등 세계 굴지의 기업을 일궈낼 수 있었다. 또한, 초기 산업화에 집중한 나머지 도시주민의 생활 수준은 향상되었으나 농촌은 상대적으로 낙후된 상태였다. 지속적인 성장으로 근대화를 달성하기 위해서는 농촌의 현대화도 필요했다. 그 목적으로 '새마을 운동'을 전개하여 농촌 소득증대 사업, 농촌 환경개선 사업에 큰 성과를 거두었다.

박정희 대통령은 개발도상국은 관주도(官主導) 발전이 효율적이라는 인식을 하였다. 그는 혁명 이후 상당 기간 군사교육을 받은 군 엘리트를 기용하였으나 장기적으로 국가발전에 필요한 인재를 발굴하고 양성하는 데 역점을 두었다. 그는 군대는 나라를 지키고, 공무원은 나라의 근대화에 책임을 다해야 하고, 기업은 경제의 주축이 되어야 할 것이라고 했다. 한국의 초기 단계 경제발전에서 특히 경제 관료들의 역할이 컸다고 할 수 있다. 박정희 정권 당시에는 한국이 신생 독립국으로서 정치사회적인 혼란과 지속적인 북한의 위협 상황에 놓여 있었으므로 권위적인 통치가 오히려 적절했을지도 모른다. 통치 기간에 자주국방의 기틀을 마련하고 경제발전을 이룩한 것은 신생국이 이루기 힘든 '두 마리 토끼'를 다 잡은 셈이다. 이승만 대통령이 자유민주주의 체제를 채택하는 데 공헌을 했다면, 박정희는 산업화와 경제발전의 기틀을 마련한 대통령으로서 평가를 받을 만하다. 그러나 1972년 '10월 유신' 선포, 장기집권 계획 등은 '민주주의 발전'이라는 관점에서 보면 비판을 받을 부분도 있다.

2-3. 아시아에서 최고 수준의 민주화 과정

경제발전으로 국민들이 먹고사는 문제가 해결되면 관심은 다른 데로 옮겨 가게 된다. 아리스토텔레스가 말했듯이 인간은 정치적인 동물이다. 또, 베버(Max Weber)는 현대 민주주의의 확고한 체제는 자본주의적인 산업화가 이루어진 나라에서만 가능하다고 했다. 일설에 의하면 1인당 국민소득이 5천 불이 넘어가게 되면 차츰 민주주의를 갈망하게 된다고 한다. 이러한 주장들은 모두 경제발전과 정치발전의 인과관계를 설명해주는 것으로, 1980년대 중반까지 이룬 괄목할만한 경제성장은 정치발전으로 연결될 에너지를 충분히 비축한 것이다. 1987년 노태우 대통령의 6.29선언과 대통령 직선제가 도입된 시기가 민주주의 정치발전의 터전을 마련한 것이다. 노태우 대통령은 국민이 직접 투표를 하는 직접선거에 의해 선출된 대통령이지만, 군 출신이라는 점 때문에 민주화에 크게 기여한 대통령으로 기억되지는 못한다. 한국의 민주주의는 김영삼, 김대중 등의 군 출신이 아닌 순수 민간인이 대통령이 된 이후부터 본격적으로 발전되었다고 보는 것이 일반적이다. 그 이유 중에는 두 대통령의 오랜 기간 민주주의를 위한 투쟁 경력이 있기 때문이기도 하다.

김영삼 대통령은 1954년 제3대 국회의원 선거에서 자유당 후보로 출마하여 국회의원이 되었으나 이승만 대통령의 장기집권 헌법개정안에 반대하여 자유당을 탈당하고 야당인 민주당에 합류하였다. 5.16군사정변으로 국회가 해산되어 국회의원 신분을 박탈당하고 1963년 실시된 국회의원 선거에서 부산에서 유일하게 야당 후보로 당선되어 젊은 나이에 야당 원내 총무가 되기도 했다. 1972년 박정희의 유신체제로 인해 그의 민주화 투쟁은 본격화되었고, "닭의 목을 비틀어도 새벽은 온다."라는 말을 남기기도 했다. 전두환 정권이 들어서자 정계 은퇴를 강요받았으나 뜻을 굽히지 않고 가택연금, 단식투쟁으로 민주화 투쟁을 이어갔다. 김영삼 대통령의 불

굴의 민주화 투쟁은 한국 민주주의 발전에 크게 기여하였다.

1993년 김영삼 정권 출범의 의의는 한국 정치사에서 처음으로 정권 교체가 이뤄진 것이다. 그간 여당으로만 이어 오던 정권이 민주투사가 이끈 야당에서 대통령이 당선된 첫 사례였다. 그래서 대통령과 측근들은 자신들이 민주적 정부라는 자신감에 넘쳐있었다. '역사바로세우기'를 통해 과거 군사정부에서부터 축적되어 온 군사문화를 청산하고 전격적인 금융실명제를 실시하는 등 과감한 제도 개혁을 단행했다. 그는 민주개혁에 국정 우선순위를 두고 경제문제에 대한 대응은 소홀했던 것 같다. 그 결과 1997년 12월 IMF의 구제금융을 받기도 했다. 당시 외환위기를 맞은 주된 원인은 OECD 가입을 앞당기기 위해 김영삼 정부가 서둘러 금융시장을 개방했던 것으로 분석하는 전문가들이 많다. 이러한 김영삼 정권의 실정(失政)으로 인한 경제위기가 김대중 대통령을 탄생시키는 데 일정 부분 역할을 하기도 했다.

김대중 대통령은 해방 직후 좌익조직인 인민위원회와 남로당의 전신인 신민당에 가입한 적이 있다. 1961년 5월 강원도 인제지역 보궐선거에서 당선되었으나 5.16군사정변으로 의원직을 상실하게 되고, 1963년 목포에서 출마하여 국회의원에 당선되면서 본격적인 정치활동을 시작했다. 1972년 박정희의 유신체제가 선포되자 미국과 일본에서 비판 활동을 하다 1973년 일본에 체류 중 중앙정보부 요원에 의해 납치되어 한국으로 들어오기도 했다. 그 후 민주투쟁을 계속하다 1997년 김종필과 정치적 제휴를 하고 제15대 대통령에 당선되었다.

김대중 대통령은 앞에서 언급한 김영삼 대통령 말기에 맞은 외환위기 속에서 취임하게 되었다. 당선자 신분에서부터 곧바로 경제위기 극복 외교에 집중했다. 문제가 되었던 240억 달러 규모의 단기외채 상환 기간을 연장함으로써 외환위기의 고비를 넘겼다. 이때 우리 국민들은 20억 달러 규모의 '금 모으기 운동'을 전개하기도 했다. 김대중 대통령은 그 전까지의 모든 정권이 안보를 최우선 국정과제로 삼고 대북 강경정책을 펴왔는데 반해, 북한과의 상호교류와 협력을 통해 평화공존을 추구하자는 소위 '햇볕정책'을 폈다. 이는 화해협력을 통해 북한을 사회주의 체제에서 개혁개방의 노선을 택하게 하여 평화체제를 구축하겠다는 구상이었다.

그러나 북한은 개혁개방에는 거부 반응을 보였다. 1999년 10월 김창국 유엔주재 북한대표부 차석대사는 유엔 연설에서 "남한의 햇볕정책은 화해와 협력을 가장해 북한체제를 바꾸려는 반(反)통일, 반(反)북한정책"이라고 비난했다. 그러나 김대중 대통령은 2000년 6월 13일 평양에서 김정일과 남북정상회담을 개최하고 『6·15 남북공동선언』을 서명, 발표했다.[49] 이러한 김대중 대통령의 남북평화와 민주주의 발전에 대한 공로로 2000년에 노벨평화상을 받았다. 김대중 대통령의 큰 업적은 전임 대통령으로부터 물려받은 외환위기를 슬기롭게 극복한 것과 오랜 기간 민주투사로 활동하면서 한국 민주주의 발전에 헌신한 것을 들 수 있겠다. 한편, 그 역시 측근들의 부정부패와 지역주의 한계를 벗어나지 못했다는 후세의 비판이 있는 것도 사실이다.

제16대 대통령 노무현은 한국 정치집단에서 비주류에 속했다. 집권당인 민주당 내에서도 주류에 속하지는 못했다. 그래서 그는 집권당 후보였지만 당의 조직력보다 제도권 밖의 지지자들의 지원에 힘입어 대통령에 당선되었다고 볼 수 있다. 그래서 그는 대통령 당선 이후 정치적 공간을 넓히기 위해 시민의 정치적 참여를 확대하는 '참여정치'를 실현하려고 노력했다. 그러기 위해서 정부의 투명성 제고와 정보 공개를

---

49) 『6·15 공동선언』은 5개항으로 이루어져 있다. 가장 중요하고 눈여겨봐야 할 대목은 1항의 '통일문제를 우리민족끼리 자주적으로 해결하기로 하였다.'라는 문항과 2항의 '북측의 낮은 단계의 연방제안과 남측의 연합제안이 공통성이 있어 이 방향에서 통일을 지향시키기로 한다.'이다.

과감하게 추진하였다. 또한, 그는 권위주의적인 통치스타일을 지양하고 서민적인 지도자상을 보인 대통령으로 기억되고 있다. 그러나 진보와 보수 이념을 기준으로 국민 편 가르기를 했다는 비판도 있었다. 남북한 관계에서는 김대중 대통령의 정책기조를 이어받아 북한과 화해와 협력의 대북정책을 폈다. 노무현 대통령은 2017년 10월 4일 북한을 방문하여 김정일 위원장과 만나 『10·4 공동선언』에 서명했다.[50]

2-4. 역대 대통령의 평가

역대 대통령들에 대한 평가는 언제, 누가, 어떤 관점에서 평가하느냐가 중요한 변수가 될 수 있다. 다시 말해 객관적이고 중립적인 평가가 쉽지 않다는 것이다. 특히 우리나라와 같이 이념적 대립이 심하고, 거기다 지역감정까지 복합적으로 작용하고 있어 더욱 그럴 여지가 있다. 그럼에도 불구하고, 1945년 일제로부터 해방된 한국이 지난 반세기 짧은 기간에 경제성장과 민주주의 발전을 동시에 이룩한 데는 국가 지도자들 모두 각자의 역할을 했다. 해방 후 세계에서 가장 가난한 나라로 출발했고, 처절했던 한국전쟁의 상처를 극복

---

50) 『10·4 공동선언』은 8개항으로 이루어져 있다. 그 내용은 김대중-김정일의 『6·15 공동선언』을 구체화 시켰다. 주목해야 할 부분은 2항 '남과 북은 사상과 제도의 차이를 초월하여….'라고 하여 남북한의 체제문제를 『6·15 선언』에서 합의한 '우리민족끼리 해결'하자는 내용과 연계한 것, 4항 '남과 북은 정전체제를 종식시키고 항구적인 평화체제를 구축해 나가야 한다는 데 인식을 같이 하고….'라고 하여 종국에는 남한에서 미군 철수, 한미동맹 종식을 주장할 근거를 마련한 것이다.

하고 세계 10위권 경제대국의 반열에 올려놓았다. 1970~1980년대 많은 국가들이 민주화를 위해 노력하였으나 대부분의 나라들이 실패하거나 후퇴하였다. 한국의 경제발전과 민주화 성취에 대해 온 세계가 놀랐고, 다른 개발도상국들이 본받고 싶어 하는 나라가 되었다. 아시아에서는 일본보다 높은 수준의 민주주의를 구가하는 나라로 자리매김하고 있다. 또한, 이러한 성과에는 우리 국민들의 우수성도 있겠지만, 역대 대통령과 참모들이 당시 시대적 요구사항을 정확히 인식하고, 국정과제들을 성공적으로 달성한 부분도 있다. 국가의 초석을 다진 초대 이승만 대통령의 자유민주주의 체제 선택이 없었다면 오늘의 대한민국이 없을 것이고, 산업화로 경제발전의 기반을 다진 박정희 대통령이 없었다면 가난에서 벗어나지 못했을 것이다. 또한, 엄혹했던 시절 민주주의를 위해 목숨까지 아끼지 않았던 김영삼, 김대중, 노무현 대통령이 없었다면 민주주의 국가가 될 수 없었을 것이다.

3. 자유민주주의와 시장경제의 힘

3-1. 성장 동력의 원천(源泉)

부존자원도 부족한 대한민국이 짧은 기간 급속한 성장을 이룩한 동력은 첫째, 정치적으로 다원주의적 민주주의를 채택해 왔기 때문이다. 다원주의 이념은 국가 구성원인 국민의 가치와 요구의 다양성을 인정하는 사회를 말한다. 다원적 정치적 자유는 논외로 하고, 경제적으로도 다원적 민주주의 시장경제는 자유로운 경제활동과 사유재산권을 보장하여 경제발전을 촉진하는 여건을 자연스럽게 만들어낸다. 한편, 다원주의는 개인의 자유와 창의성을 창달하여 국가발전의 원동력이 되기도 하지만, 때로는 다양한 욕구와 목소리가 마찰을 빚어내기도 한다. 그러나 장기적으로는 다원주의적 민주주의가 비록 시끄러워 보이기는 하지만 건강한 사회 발전에 밑거름이 된다.

둘째, 경제적으로 포용적 시장경제 체제를 유지하고 있기 때문이다. 대런 에스모글루는 『국가는 왜 실패하는가』에서 1945년 일본으로부터 해방된 남북한은 경제 운용방식을 달리하면서 운명이 갈라진 것으로 지적하고 있다. 다시 말해, 체제의 선택을 달리했기 때문이라는 것이다. 한국은 사유재산이 인정되는 시장경제를 채택하였고, 북한은 엄격하게 사유재산과 시장경제를 허용하지 않았기 때문이다. 한국의 경우 개인이 누구나 능력과 소질에 따라 경제활동에 참여하여 역량을 발휘하게 하는 '포용적 경제제도'를 운영하는 데 반해, 북한의 경제체제는 집권당 공산당의 도구에 불과한 '착취적 경제제도'를 운영한다고 지적하고 있다. 즉 북한은 노동자 농민계층의 소득과 부를 착취하여 다른 계층을 배부르게 하는 제도라는 것이다.

셋째, 못살고 어려운 가운데서도 부모들의 자식에 대한 교육열이 오늘의 대한민국을 있게 했다. 어떤 일이 있어도 교육을 시키고 대학을 보내야 한다는 부모들의 헌신적인 희생이 있었다. 국가 전체 인력 수급면에서의 타당성 여부를 별개로 치면, 고교 졸업 후 80%대의 대학 진학률은 세계에서 가장 높은 수준이다. 높은 교육 수준은 결국 산업발전에 필요한 양질의 인력(Man Power)을 공급하는 것이다. 미국 오바마 전 대통령은 공식석상에서 수차례 한국의 교육열과 제도를 극찬했다. 남미 여러 나라들에서 한국의 교육제도를 배우고 싶어 하는 것은 한국의 교육이 국가발전의 중요한 요인으로 인식하고 있기 때문이다.

넷째, 사회적으로 모든 국민이 허리띠를 졸라매고 잘살아 보겠다는 국민의 일반의지(National Will)가 강했다. 일제 강점기와 6.25 전쟁 등 엄혹한 시간들을 온몸으로 이겨내고 피폐해진 나라에서 번영을 이룰 수 있었던 것은 개인과 사회가 일치단결하여 '잘살아 보자.'라는 국민적 공감대가 형성되었기 때문이다. 1960년대 이후 산업역군들의 국내외 산업현장에서 흘린 땀들이 그것을 말해 준다. 또 한국인들의 DNA에는 어려움이 닥치면 단결하는 민족성이 있다. '뭉치면 살고 흩어지면 죽는다.'라는 의식이 자리하고 있다. IMF 당시 세계를 놀라게 한 금 모으기 운동과 축구경기 한일전에서 보여준 우리 선수들의 투지와 국민들의 응원에서 그 단면을 엿볼 수 있다.

3-2. 시장경제의 성과

한국은 2차 대전 이후 독립한 신생국으로서 국토면적이 세계 107위, 인구 27위인 작은 나라로 1인당 GNP는 67달러로 세계 109위였다. 그 후 '한강의 기적'으로 불릴 만큼 괄목할 성장을 거듭하여 1996년 12월에 세계 선진국 클럽 OECD에 가입했다. 지금은 미국, 일본, 영국, 프랑스, 네덜란드, 덴마크 등 선진국 25개국의 반열인 소득수준 3만 불 시대를 살고 있다. 2018년 말 기준 한국의 수출은 세계 7번째로 6천억 불을 달성하였다. 이미 세계시장에서 삼성전자와 LG전자 제품은 최고의 품질을 자랑하며 한국의 이미지를 끌어 올리고 있다. 러시아, 인도, 브라질 등 거대시장에서 삼성 핸드폰이 신분의 상징처럼 된 지 오래되었다. 현대자동차 또한 미국 등 세계 자동차 시장에서 점유율을 넓혀 가고 있다. 포니자동차로 수출을 시작한 현대자동차가 미국 고속도로에서 하루가 다르게 늘어가고 있다.

우리의 공산품만 그런 것이 아니다. 자유스러운 분위기에서 만들어진 한국의 영화와 드라마, 춤과 노래가 '한류'의 바람을 일으키는 것은 어제오늘의 일이 아니다. 한때 중국에서 우리 드라마 '대장금'이 중국 전역의 13억 인구가 매료될 정도로 인기를 구가하기도 했다. 한류가 처음에는 동남아와 중국 등에서 드라마로 시작하였으나 지금은 남미, 유럽, 미국 등 전 세계에서 인기를 끌고 있다. K-pop이 대표적이다. 여기에 우리의 문화적 기질인 정(情)과 흥(興)이 더해지면서 독특한 문화 장르를 만들어 가는 것이다.

프랑스 대학의 소르망(Guy Sorman)교수가 문화경쟁력이 21세기 국가발전을 결정짓는 주요 변수라고 예언했듯이 문화가 힘이고, 나아가 상품의 가치를 높여 주는 것이다. 우리의 소프트파워인 한류가 해외에 미치는 효과는 방송, 음악, 영화, 애니메이션, 캐릭터, 게임 등 문화콘텐츠상품의 수출에 직접적인 영향도 미치지만, 한류와 연관된 또는 한류로 업그레이드된 한국기업의 이미지로 인해 식음료, 화장품, 의류 등 상품과 서비스 수출 증가를 가져오는 간접효과 또한 크게 나타나고 있다. 2016년 또다시 한류열풍을 일으킨 <태양의 후예>는 중국에서 20억 회 이상의 조회 수를 기록한 바 있다. 이 드라마가 우리 경제에 기여한 바는 무려 1조 원에 이른다는 한국수출입은행의 발표도 있었다. 당시 대표적인 한류 수혜품은 화장품으로, 무려 20%의 수출 신장을 누렸다.[51] 오늘의 한류는 결국 자유민주주의 체제에서 한국인 특유의 '끼'와 자유로운 문화·예술 활동을 통해 만들어 낸 결실이다. 그동안 'Made in Korea' 제품이 해외에서 북한의 미사일과 핵개발 등 도발로 인해 남북한 구분을 명확히 하지 못하는 외국인에게 한국제품의 '디스카운트 효과'로 나타났던 것은 사실이다. 이제는 한류가 그 공백을 메우고 있다.

---

51) 2016년 한국무역협회의 자료 참조.

제6부

체제와 인간의 삶

1. 국민주권 구현 방식

1-1. 자유민주주의 체제

자유민주주의 체제의 가장 기본적인 이념은 개인의 자유와 권리의 보장에 있다. 국가는 이들을 보호하기 위해 필요한 최소한의 권력을 행사하게 해야 한다는 것이다. 이것이 국가의 주인이 국민이라는 국민주권 이념의 본질이다. 현재 지구상에 존재하는 자유민주주의 체제의 국가들은 대부분 개인의 자유와 인권을 보장하기 위해 입법부, 행정부, 사법부가 서로 '견제와 균형'(Check and Balance)을 유지하게 해 국가권력 남용과 독재정치를 사전에 차단하는 제도적 장치를 두고 있다.

대한민국 헌법 제1조는 '대한민국은 민주공화국이며 대한민국의 주권은 국민에게 있고, 모든 권력은 국민으로부터 나온다.'라고 규정하고 있다. 국가의 주권은 국민에게 있고, 국민은 투표를 통해 주권을 행사하게 된다. 현대 정치 상황은 국민 각자가 직접 정치에 참여하기가 현실적으로 불가능하여 투표로 대표자를 선출하여 주권행사를 위임하는 형태를 취하게 된다. 즉 대의민주주의(代議民主主義) 형태를 취한다. 자유민주주의 국가들은 일정한 자격을 갖춘 국민에겐 누구나 차별 없이 선거권과 피선거권을 보장하고 있다. 국민주권 실현을 실질적으로 보장하기 위해 복수정당제와 자유로운 정치활동의 보장, 집회·결사의 자유 등을 제도적으로 마련하고 있다.

1-2. 공산주의 전체주의 체제

전체주의 국가의 통치 구조는 한 가지 이념만을 쫓는 특정 정당(政黨)이 국가를 총체적으로 운영하게 되어있다. 다른 생각과 이념, 정책 노선을 수용하지 않는 일당의 독재체제다. 대표적으로 중국과 북한은 노동자와 농민 등 프롤레타리아가 주도하는 공산당(중국)과 노동당(북한)이 지배하는 일당독재 체제다. 중국 헌법 총강 제1조 '중화인민공화국은 노동계급이 지도하고 노농동맹을 기초로 하는 인민민주독재 사회주의 국가이다. 사회주의 제도는 중화인민공화국의 근본제도이다.'라고 규정하고 있다.

북한도 사회주의와 일당독재 국가임을 헌법에 명문화해 놓고 있다. 북한 헌법 제1조 '조선민주주의인민공화국은 전체 조선인민의 리익을 대표하는 자주적인 사회주의국가이다.', 제4조 '조선민주주의인민공화국의 주권은 로동자, 농민, 군인, 근로인테리를 비롯한 근로인민에 있다.'라고 규정하여, 전체 인민이 아닌 특정 계급만의 '공화국'임을 선포하고 있다. 거기다 헌법 제11조는 '조선민주주의인민공화국은 조선로동당의 령도 밑에 모든 활동을 진행한다.'라고 규정하여 노동당 일당독재와 당주도 통치체제임을 분명히 해놓고 있다. 북한은 일당독재보다 더한 김씨 가문의 왕조적 사회주의로 까지 명명해 놓고 있다. 북한 헌법 서문은 '조선민주주의인민공화국은 위대한 김일성동지와 김정일동지의 사상과 령도를 구현한 주체의 사회주의조국이다.'라고 규정하고 있다.

중국과 북한과 같은 일당독재 국가들은 국민의 다양한 정치적 이념을 수용하고 구현할 수 있는 제도적 장치인 복수정당제를 원천적으로 봉쇄하고 있다. 인민들도 투표권을 행사하기는 한다. 그러나 투표권 행사의 과정과 절차는 이념과 노선을 달리하는 다양한 후보자에 대한 자유로운 선택이 아니라, 당이나 상부에서 지명하는 인사에 대한 찬반의 의사표현만 하는 것이다. 이는 집권세력이 지명하는 후보나 정책을 형식적으로 추인하는 대리민주주의(代理民主主義)에 불과하여 실질적인 주권행사가 이뤄지지 못한다.

1-3. 국민주권에 대한 한국, 중국, 북한 헌법 규정 비교

1-3-1. 헌법의 뿌리

헌법은 국가의 기본법으로서, 국민의 기본적 인권을 보장하고 국가의 권력구조를 규정하는 국가 최고의 규범이다. 한국 헌법은 1948년 정부 수립과 함께 제정·공포되었고, 북한 헌법도 같은 해에 만들어졌다. 중국의 헌법은 1949년의 '중화인민정치협상회의공통강령'이 '1954년 헌법'으로 발전하였다. 한국은 자유민주주의 이념이 헌법의 기초가 되었고 중국과 북한은 마르크스-레닌주의에 입각해 있다.

대부분의 자유민주주의 헌법 정신은 영국의 1215년 마그나카르타(Magna Carta)에서 1688년 명예혁명으로 이르는 과정을 통해 왕권을 제한하고 국민의 자유를 신장하려던 것에서 시작했다. 사상적으로는 로크나 루소의 사회계약론과 인민주권 사상이 큰 영향을 미쳤고, 미국의 독립선언과 프랑스혁명을 거치면서 800년여 동안 서서히 발전하면서 오늘날의 모습을 갖추었다. 반면, 공산주의 헌법 정신은 마르크스-레닌주의에 기초하고 있고 이는 마르크스와 엥겔스의 1848년 '공산당

선언'에서부터 시작된다. 18세기 후반부터 일기 시작한 산업 혁명은 자본주의사회의 새로운 사회계급으로서 부르주아와 프롤레타리아를 등장시켰고, 이들 간의 대립을 가져왔다. 마르크스는 숫자상으로 절대다수의 프롤레타리아 해방을 부르 짖었고, 이 움직임이 산업화된 서유럽의 나라에서는 성공하 지 못하였으나 유럽 변방의 후진(後進) 러시아에서 레닌은 공산혁명에 성공을 거두었다.

1-3-2. 헌법 규정 비교

세 나라 모두 국민 또는 인민주권을 헌법에 규정하고 있 다. 그러나 현실에서 국민주권이 실질적으로 보장되는 정도 는 위에서 살펴보았듯이 차이가 있다.

국가		조문 내용
한국	제1조	대한민국은 민주공화국이다. 대한민국의 주권은 국민에게 있고, 모든 권력은 국민으로부터 나온다.
중국	총강 제1조	중화인민공화국은 노동계급이 지도하고 노농동맹을 기초로 하는 인민 민주독재 사회주의 국가이다. 사회주의 제도는 중화인민공화국의 근 본제도이다
	제2조	중화인민공화국의 모든 권력은 인민에게 속한다. 인민이 국가권력을 행사하는 기관은 전국인민대표대회와 지방 각급 인민대표대회이다. 인민은 법률이 정한 바에 따라 각종 경로와 형식을 통해 국가 사무, 경제·문화 사무 및 사회 사무를 관리한다.
북한	제1조	조선민주주의인민공화국은 전체 조선인민의 리익을 대표하는 자주적 인 사회주의국가이다.
	제4조	조선민주주의인민공화국의 주권은 로동자, 농민, 군인, 근로인테리를 비롯한 근로인민에 있다. 근로인민은 자기의 대표기관인 최고인민회 의와 지방 각급 인민회의를 통하여 주권을 행사한다.

2. 국민의 기본권 보장

근대국가 성립 후 개인의 기본적인 자유와 권리에 대한 보장 여부는 체제에 따라 다르게 나타난다. 즉 체제가 왜 중요한가 하는 문제의 본질은 결국 법령 등에 의해 개인의 자유를 어느 정도 구속하느냐에 달린 것이다. 인간이 살아가는데 공기가 꼭 필요하지만, 평소에는 이를 인식하지 못하듯체제에 따라 개개인을 규율하고 일상에 영향을 미치는 정도는 삶을 비교하고 분석하기가 곤란한 현실에서는 알기가 어렵다. 특히 자유와 권리를 잃고 속박된 삶을 살아 본 경험이 없는 자유민주주의 체제하의 국민들은 더욱 그럴 것이다. 여기서는 체제를 달리하는 한국과 북한의 헌법에 명시된 중요한 국민의 기본적 권리보장에 대해 비교해서 살펴보기로 한다. 중국은 전체주의 국가의 기본권 보장에 대한 이해를 넓히기 위해서 함께 고찰해 본다.

2-1. 양심의 자유, 종교의 자유

양심의 자유와 종교의 자유가 중요한 것은 이를 바탕으로 하여 사상의 자유, 표현의 자유, 집회의 자유 등 여타 인간의 자유가 파생되기 때문이다. 세 나라 헌법 모두가 개인의 양심 및 종교의 자유를 규정하고 있다. 그러나 그 보장의 범위와 제한에서는 다르게 규정하고 있다.

국가		조문 내용
한국	제19조	모든 국민은 양심의 자유를 가진다.
	제20조	국교는 인정되지 아니하며, 종교와 정치는 분리된다.
중국	제36조	중화인민공화국 공민은 종교 신앙의 자유를 가진다. 어떠한 국가기관, 사회단체, 개인도 공민의 종교를 믿거나 종교를 믿지 못하도록 강요할 수 없으며 종교를 믿는 공민과 종교를 믿지 않는 공민을 차별할 수 없다. 국가는 정상적인 종교 활동을 보호한다. 누구든지 종교를 이용하여 사회질서를 파괴하거나 공민의 신체·건강에 해를 끼치고 국가의 교육제도를 방해하는 활동을 할 수 없다. 종교단체와 종교 사무는 외국세력의 지배를 받지 아니한다.
북한	서문	조선민주주의인민공화국은 위대한 김일성동지와 김정일동지의 사상과 령도를 구현한 주체의 사회주의조국이다. 위대한 김일성동지는 조선민주주의인민공화국의 창건자이시며 사회주의조선의 시조이시다.
	제68조	공민은 신앙의 자유를 가진다. 이 권리는 종교건물을 짓거나 종교의식 같은 것을 허용하는 것으로 보장된다. 종교를 외세를 끌어들이거나 국가사회질서를 해치는 데 리용할 수 없다.

한국 헌법 제19조와 제20조는 개인의 양심의 자유를 보장하고 있다. 인간이 만물의 영장인 것은 양심(良心)이 있기 때문이다. 양심과 종교의 자유는 인간이 인간으로 살아가는 데 있어서 가장 원초적인 정신의 영역에 속한다. 종교의 자유에 대해서는 국교 불인정과 정치와 종교의 분리를 통하여 실질적인 종교의 자유를 보장하고 있다.

중국 헌법도 제36조에서 '중화인민공화국 공민은 종교 신앙의 자유를 가진다.'라고 규정하고 있다. 그러나 실제 신앙의 자유와 종교의 자유에 대해 많은 제한을 두고 있는 것이 사실이다. 그리고 제한적인 종교 활동만을 인정하고 있다. 즉 '공민'(公民)에 한하여 종교의 자유를 인정하고 '정상적인 종교 활동'만을 보호한다고 규정하고 있다. 여기서 공민이란 공산주의 체제에서 요구하는 일정한 요건을 갖추고 순응하는 국민을 뜻한다. 헌법에 '정상적인 종교 활동을 보호한다.'라고 규정하고 있는 것은 신앙의 자유를 제한적으로 인정할 뿐만 아니라, 기준이 모호한 '정상적인 활동'에 한하여 종교의 자유를 인정하는 것은 얼마든지 국가의 관여 여지를 열어 놓고 있다.

북한 헌법도 제68조에서 '공민은 신앙의 자유를 가진다.'라고 규정하고 있다.[52] 그러나 인민들의 신앙의 자유를 '종교 시설을 설치하거나 종교 행사를 하는 것을 보장'하는 정도의 형식적인 수준에 머물고 있다. 즉 인간의 양심의 자유나 종교 선택의 자유에 대한 본질적인 영역에 대한 규정은 없다. 특히 북한 헌법 서문에서 규정하고 있듯이 북한에서는 주체사상이 거의 세속적 신앙(Secular Religion)으로 되어 있기 때문에 헌법에서 대중적인 종교는 인정할 수 없다. 또한, 개인

---

[52] 북한에서 공민에 대한 규정은 북한 헌법 제62조에 '공민의 권리와 의무는 <하나는 전체를 위하여, 전체는 하나를 위하여>라는 집단주의원칙에 기초한다.'라고 되어있다. 또한, 북한 헌법 제63조는 '공민의 개념이 개인으로서의 자격보다는 조직과 전체의 일부로서 이에 충실할 것을 요구한다.'라고 규정하고 있다. 따라서 공민의 권리는 전체의 일부로서 누리는 권리로 규정하고 있어 제한적일 수밖에 없다.

의 영적인 영역인 종교를 외세와 연결하거나 국가의 안위와 연계해 제한하고 있는 것은 종교를 아편이라고 규정하는 공산주의 종교관이 그대로 적용되고 있는 것이다.

공산주의 국가들이 종교의 자유를 인정하지 않는 것은 그들이 전체주의적 이데올로기를 인민들에게 세뇌시켜야 하기 때문이다. 덧붙여 종교와 같은 확고한 신념을 가진 인간은 그들이 요구하는 인간개조(人間改造)가 어렵기 때문이다. 종교의 자유는 자유주의 사상의 산물이다. 그래서 사회주의나 공산주의 등 전체주의 국가들은 무신론을 선호하고 실현하는 것이다. 그래야 전체주의 체제가 통치를 위해 동원하는 각종 이데올로기를 세뇌시킬 공간이 생기게 되는 것이다.

2-2. 언론, 출판, 집회 결사의 자유

정치적 자유를 보장하기 위해 필수적인 것이 언론, 출판, 집회 결사의 자유이다. 계몽주의 시대에 절대군주의 전제정치에 대항하여 프랑스혁명 때와 같이 자유를 부르짖던 시민들이 승리할 수 있었던 것은 언론·출판물과 대규모의 집회가 가능했기 때문이다. 세 나라 모두 이를 규정하고 있다.

〈언론, 출판, 집회 결사의 자유에 대한 헌법 규정 비교〉

국가		조문 내용
한국	제21조	모든 국민은 언론·출판의 자유와 집회·결사의 자유를 가진다. 언론·출판에 대한 허가나 검열과 집회·결사에 대한 허가는 인정되지 아니한다.
중국	제35조	중화인민공화국 공민은 언론·출판·집회·결사·행진·시위의 자유를 가진다.
북한	제67조	공민은 언론, 출판, 집회, 시위와 결사의 자유를 가진다. 국가는 민주주의적 정당, 사회단체의 자유로운 활동 조건을 보장한다.

한국 헌법 제21조는 표현의 자유에 해당하는 언론·출판의 자유와 집회·결사 자유를 보장하고 있다. 이들 자유를 실질적으로 보장하기 위해 사전 검열과 허가제 등은 원천적으로 배제하고 있다. 다만 타인의 명예나 권리, 공중도덕, 사회윤리를 침해하지 않는 범위 내에서 보장된다. 이는 자유에 따르는 책임의 문제를 규정해 놓은 것이다.

중국 헌법은 제35조에서 '중화인민공화국 공민은 언론·출판·집회·결사·행진·시위의 자유를 가진다.'라고 규정하고 있다. 그러나 각종 하위 법률과 당의 결정 사항 등으로 현실적인 규제가 가해지고 있어 실질적으로 언론과 출판의 자유가 보장된다고 보기는 어렵다. 현실적으로 중국의 언론 보도는 정부기관인 신문판공실과 당 선전선동부의 사전 검열과 엄격한 통제가 이뤄지고 있다.

북한 헌법에도 제67조 '공민은 언론, 출판, 집회, 시위와 결사의 자유를 가진다. 국가는 민주주의적 정당, 사회단체의 자유로운 활동 조건을 보장한다.'라고 규정하고 있다. 중국과 마찬가지로 이들 자유를 공민에 한해서 보장하고 있고, 집회·결사의 자유는 민주주의적 정당과 사회단체에만 보장한다고 되어있다. 북한에서의 언론·출판·집회·결사의 자유는 사실상 체제유지를 위한 선전선동 수단에 불과하기 때문에 진정한 의미의 자유 보장과는 거리가 멀다.

중국과 북한에서의 언론·출판·집회·결사의 자유 규정은 선언적이고 상징적인 의미에 불과하다. 이러한 자유에 대한 규정은 장치(裝置)적인 성격이 강하고, 오히려 검열과 감독이 일상적으로 일어나고 있다. 집회·결사가 자유롭지 못한 것은 말할 것도 없고, 언론·출판의 자유도 실질적으로 보장되지 못한다. 매체는 창간에서부터 당과 정부의 선전선동을 위한 필요성에 의해 만들어지고, 그 임무에 충실할 뿐이다. 언론 매체가 있기는 하나 서방세계의 자유주의 언론과 같은 기능을 하는 것이 아니어서 언론이라는 이름 자체가 적절하지 않다. 북한의 경우, 언론 매체는 모두 관변 매체뿐이다 보니 매체의 숫자 또한 한국 등 외부세계와 비교할 수 없을 정도로 부족하다.

2-3. 사유재산권 보장

사유재산의 보장은 인간 경제활동의 가장 중요한 모티브로써 부(富)의 생산과 인류문명 발전의 원동력이다. 인간은 이기적인 동물이기 때문에 경제활동의 가장 중요한 인센티브가 사유재산을 인정해주는 것이다.

〈사유재산권에 대한 헌법 규정 비교〉

국가		조문 내용
한국	제23조	모든 국민의 재산권은 보장된다. 그 내용과 한계는 법률로 정한다. 공공필요에 의한 재산권의 수용·사용 또는 제한 및 그에 대한 보상은 법률로써 하되, 정당한 보상을 지급하여야 한다.
중국	제13조	공민의 합법적인 사유재산은 불가침이다. 국가는 법률에 의거하여 공민의 사유재산과 상속권을 보호한다. 국가는 공공이익의 수요에 따라 법률에 의거하여 공민의 사유재산을 징수 또는 징용하고 보상을 지급할 수 있다.
북한	제20조	조선민주주의인민공화국에서 생산수단은 국가와 사회협동단체가 소유한다.
	제21조	국가소유는 전체 인민의 소유다. 국가소유권의 대상에는 제한이 없다. 나라의 모든 자연부원, 철도, 항공운수, 체신기관과 중요공장, 기업소, 항만, 은행은 국가만이 소유한다.
	제24조	개인소유는 공민들의 개인적이며 소비적인 목적을 위한 소유이다. 개인 소유는 로동에 의한 사회주의분배와 국가와 사회의 추가적 혜택으로 이루어진다. 터밭 경리를 비롯한 개인부업경리에서 나오는 생산물과 그 밖의 합법적인 경리활동을 통하여 얻은 수입도 개인소유에 속한다. 국가는 개인소유를 보호하며 그에 대한 상속권을 법적으로 보장한다.

한국 헌법 제23조는 '모든 국민의 재산권은 보장된다.'라고 하여 개인의 사유재산권을 포괄적으로 인정하고 있다. 다만, 공공의 필요에 따라 보상을 전제로 한 수용·사용은 법률유

보 사항으로 규정하고 있다.

　중국 헌법도 제13조에서 '공민의 합법적인 사유재산은 불가침이다.'라고 사유재산권을 권리로 선언하고 있다. 그러나 실질적인 재산권과 상속권은 법률에 따라 규율할 수 있도록 하고 있어, 사유재산권을 헌법적 보호 가치로까지 인정하지 않고 있다. 사유재산권 행사를 제한할 가능성을 열어두고 있다.

　북한 헌법은 제20조 '조선민주주의인민공화국에서 생산수단은 국가와 사회협동단체가 소유한다.'라고 규정하여 원칙적으로 사유재산권을 인정하지 않는다. 한편, 북한 헌법은 이를 상당히 구체적으로 명시하고 있는 것이 특징이다. 모든 생산수단과 천연자원, 기간산업, 은행 등은 개인의 소유나 사유재산권을 일체 인정하고 있지 않다. 이들은 국가와 단체만이 소유권을 갖도록 규정하고 있다. 그러나 극히 제한적으로 개인의 노력으로 획득한 자산이나 소비 목적의 재화는 개인의 사유화가 인정되고 상속권도 보장하고 있다. 이는 체제의 비현실성을 극복하기 위해 인민에게 동기를 부여하고, 배급제 중단 이후 인민들의 자구책 강구를 허용하는 미온적 규정으로 보인다.

고전적 자유주의자들은 사유재산권이 자유의 핵심이라고
했다. 이러한 사상은 오스트리아 경제학자 하이에크(Friedrich
Hayek)의 다음과 같은 말에서 잘 나타나 있다. "인쇄 수단이
정부의 통제하에 있다면 언론의 자유가 없고, 대중이 모이기
에 필요한 장소가 정부에 의해 통제된다면 집회의 자유가 없
고, 운송수단이 정부의 독점이라면 이동의 자유가 없다." 진
정한 자유는 사유재산권이 인정되는 상황에서만 실질적으로
가능하다는 얘기다.

2-4. 신체의 자유

전제 정권하에서는 정치적 박해의 수단으로 체제에 반대하
는 자들을 체포·구금하고 아무런 객관적인 증거없이 오직
고문으로 얻은 자백만으로도 형벌을 가하곤 하였다. 이런 잘
못된 악습을 없애기 위해 오늘날 거의 모든 헌법에서 신체의
자유를 규정하고 있다.

〈신체의 자유에 대한 헌법 규정 비교〉

국가		조문 내용
한국	제12조	모든 국민은 신체의 자유를 가진다. 누구든지 법률에 의하지 아니하고는 체포·구속·압수·수색 또는 심문을 받지 아니하며, 법률과 적법한 절차에 의하지 아니하고는 처벌·보안처분 또는 강제 노역을 받지 아니한다.
중국	제37조	중화인민공화국 공민의 인신의 자유는 침해받지 아니한다. 어떠한 공민도 인민검찰원의 승인이나 결정 또는 인민법원의 결정을

		거친 후 공안기관의 집행에 의하지 아니하고는 체포되지 아니한다. 불법구금 및 기타 방법으로 공민의 인신자유를 불법으로 박탈 또는 제한하는 것을 금지하며 공민의 신체를 불법으로 수색하는 것을 금지한다.
	제39조	중화인민공화국 공민은 주거의 침해를 받지 아니한다. 공민의 주거에 대한 불법수색이나 불법침입을 금지한다.
북한	제79조	공민은 인신과 주택의 불가침, 서신의 비밀을 보장받는다. 법에 근거하지 않고는 공민을 구속하거나 체포할 수 없으며 살림집을 수색할 수 없다.

한국 헌법 제12조는 신체의 자유를 명기하고, 법률에 의하지 아니하고는 개인의 신체의 자유를 속박할 수 없도록 규정하고 있다. 이것은 근대 형법의 원리인 죄형 법정주의를 선언한 것으로 그 파생 원칙으로 모든 국민은 행위 시의 법률에 따라 범죄를 구성하지 아니하는 행위로 소추(訴追)되지 아니하고 동일한 범죄에 대해서 거듭 처벌받지 않도록 하고 있다.

중국 헌법 제37조에서 '중화인민공화국 공민의 인신의 자유는 침해받지 아니한다.'라고 규정하여 공민의 인신의 자유 구속은 적법한 절차를 거치도록 하고 있다. 그리고 공민의 불법적인 주거 침입과 수색을 금지하고 있다. 그러나 인민법원이나 인민검찰원의 승인이 있으면 얼마든지 체포할 수 있게 되어있다. 문제는 중국의 사법 기관들이 3권분립의 정신에 의해 독립된 기관이 아니라 모두 공산당 산하에 있고, 통제를 받게 되어있다. 그래서 인신 구속 등의 침해가 독립적이고 객관적으로 판단되는 구조가 아니라서 신체의 자유가 완전히 보장된다고 보기 어렵다.

북한 헌법도 제79조에 '법에 근거하지 않고는 공민을 구속하거나 체포할 수 없으며 살림집을 수색할 수 없다.'라고 하여 중국과 유사하게 공민에게 한해 신체의 자유를 규정하고 있다. 북한의 경우도 사법기관의 독립성이 보장되지 못한다. 따라서 신체의 자유가 헌법상 보장되어 있지만, 현실적으로는 당의 지침이나 국가의 필요에 따라 자유가 얼마든지 침해당할 여지가 있다.

특히 북한은 정치 범죄에 대한 극심한 탄압을 실행해왔다. 공포정치를 체제유지의 수단으로 사용하고 있다. 자백을 강요하기 위해 고문이 사용되며 수감자는 공정한 재판절차 없이 구금된다. 정치범 수용소로 보내진 수감자의 가족은 구금된 수감자의 운명을 알 수 없다. 정치범 수용소 내에서는 고의적인 기아, 강제노동, 사형, 고문, 성폭행 등의 잔혹한 행위가 발생한다. 이러한 의도적이고 조직적인 정권의 만행으로 인해 수용소에서 수십만 명이 사망하였다. 현재도 8만 명에서 12만 명이 정치범 수용소에 수감되어 있는 것으로 추정된다.

2-5. 거주이전, 여행의 자유

전근대 봉건사회에서는 사람들이 토지에 묶여 거주이전의 자유가 제한되는 경우가 많았다. 산업화와 계몽시대를 거치면서 이러한 속박을 해소하고자 거주이전의 자유를 헌법에 규정하였다. 하지만 공산국가의 경우 아직도 거주이전의 자유를 제한하고 있다.

〈거주이전 및 여행의 자유에 대한 헌법 규정 비교〉

국가		조문 내용
한국	제14조	모든 국민은 거주·이전의 자유를 가진다.
중국	관련 조항 없음	
북한	제75조	공민은 거주, 려행의 자유를 가진다.

한국 헌법은 제14조에서 '모든 국민은 거주·이전의 자유를 가진다.'라고 규정하여 거주와 이전의 자유를 완전하게 보장하고 있다. 우리나라는 1970년대만 해도 전체 인구의 90% 가량이 농민이었고 전국의 마을 단위에 흩어져 살았다. 그 후 산업화되는 과정에서 농민들은 도시로 이주하였고 지금은 인구의 90% 이상이 도시에 살고 있다. 과도한 도시 집중 현상의 폐해도 있지만, 이는 기본적으로 자유로운 거주이전이 보장된 결과이다.

중국 헌법에는 거주이전, 여행의 자유에 대한 명문 규정이 없다. 중국은 거주이전이 매우 제한되는 나라다. 특히 북경과 같은 도시에 거주하기 위해서는 별도의 거류증을 요구하고 있다. 거류증 없이는 자유롭게 도시의 출입도 제한한다. 농촌 출신 노동자들은 북경 같은 대도시에서 일을 하지만 정작 도시에 주소지를 옮기지 못한다. 그 결과 자녀들을 도시로 데려와 취학시킬 수 없어 시골에 남겨두는 힘든 생활을 해야 한다. 산업화 과정에서 나타나는 2억 명을 능가하는 농민공(農民工) 문제다. 반면, 중국은 여행의 자유에 한하여서는 비교적 자유스럽다. 이는 국내 관광 활성화를 위한 정책적 측면이 강하고, 다른 한편으로는 소득수준 향상에 따른 해외여행 자유화로 보인다.

북한 헌법 제75조에는 거주, 여행의 자유를 규정하고 있다. 그러나 북한도 중국의 경우와 같이 실제적으로는 거주 이전의 자유가 제한되고 있다. 특히, 평양과 같은 도시 거주에는 특별한 요건이 갖춰져야 한다. 북한 정권은 성분에 따라 주민에게 거주지와 근로 장소를 강제하고, 국내에서의 이동을 제한하며, 일반적으로 해외여행을 금지한다.

2-6. 사생활 비밀의 자유

사생활의 자유는 사회공동체의 일반적인 생활규범의 범위 내에서 생활을 자유롭게 형성해 나가고, 그 계획 및 내용에 대해 외부로부터 간섭을 받지 않을 권리이다. 사생활의 자유는 국가가 사생활의 자유로운 형성을 방해하거나 금지하는 것을 차단하는 것이며, 사생활의 비밀은 국가가 사생활영역을 들여다보는 것을 막기 위한 것이다.

〈사생활 비밀의 자유에 대한 헌법 규정 비교〉

국가		조문 내용
한국	제17조	모든 국민은 사생활의 비밀과 자유를 침해받지 아니한다
	제18조	모든 국민은 통신의 비밀을 침해받지 아니한다.
중국	제40조	중화인민공화국 공민의 통신의 자유와 비밀은 법률로 보호받는다. 국가의 안전이나 형사범죄 수사상의 필요로 공안기관이나 검찰기관에서 법률의 규정된 절차에 따라 통신에 대한 검사를 할 경우 이외에는 어떤 조직이나 개인도 어떠한 이유로든 공민의 통신의 자유와 통신의 비밀을 침해할 수 없다.
북한	제79조	공민은 인신과 주택의 불가침, 서신의 비밀을 보장받는다. 법에 근거하지 않고는 공민을 구속하거나 체포할 수 없으며 살림집을 수색할 수 없다.

한국 헌법 제17조는 '모든 국민은 사생활의 비밀과 자유를 침해받지 아니한다.'라고 하고, 제18조 '모든 국민은 통신의 비밀을 침해받지 아니한다.'라고 규정하여 개인의 사생활 비밀과 자유, 통신의 비밀을 보장하고 있다.

중국 헌법 제40조는 '중화인민공화국 공민의 통신의 자유와 비밀은 법률로 보호받는다.'라고 규정하여 공민의 통신의 자유와 비밀의 보장을 규정하고 있다. 그러나 구체적인 사항을 법률에 유보하고 있어 헌법적 가치의 수준으로 보호하지 않는다는 점에서 중요한 자유로 인정되고 있지 않음을 알 수 있다.

북한 헌법도 제79조 '공민은 인신과 주택의 불가침, 서신의 비밀을 보장받는다.'라고 규정하여 공민의 사생활과 서신의 비밀을 보장하고 있다. 그러나 구체적인 사항을 법률에 유보하고 있어 이 규정이 얼마나 실효적인지는 알 수가 없다. 외부 사상과 접촉을 극도로 꺼리는 북한에서 사생활과 서신의 비밀이 어느 정도 보장되는지는 의문이다.

2-7. 학문과 예술의 자유

학문의 자유는 연구나 강의 등 학문적인 활동이 외부로부터의 간섭이나 압력을 받지 아니할 권리이다. 학자들이 자신의 생각이나 정보를 발전시키고 전파하는 데 있어서 설령 그것이 다른 집단이나 권력자 등에게 반하는 내용이라 할지라도, 이로 인하여 억압, 퇴출, 수감 따위의 침해를 받지 않을 자유적 권리를 의미한다. 예술의 자유는 미(美)의 추구로서 예술창작·표현의 자유와 예술적 결사의 자유를 내용으로 한다. 이는 국가에 대한 주관적 방어권인 동시에 제도로서의 보장적 성격을 가진다. 세 나라 헌법에서 모두 이를 규정하고 있다.

〈학문과 예술의 자유에 대한 헌법 규정 비교〉

국가		조문 내용
한국	제22조	모든 국민은 학문과 예술의 자유를 가진다.
중국	제47조	중화인민공화국 공민은 과학연구·문학예술 창작 및 기타 문화 활동의 자유를 가진다. 국가는 교육·과학·기술·문학·예술 및 기타 문화 사업에 종사하는 공민이 인민에 유익한 창조적 활동을 할 수 있도록 장려하고 도움을 준다.
북한	제40조	조선민주주의인민공화국은 문화혁명을 철저히 수행하여 모든 사람들을 자연과 사회에 대한 깊은 지식과 높은 문화기술수준을 가진 사회주의 건설자로 만들며 온 사회를 인테리화 한다.
	제41조	조선민주주의인민공화국은 사회주의근로자들을 위하여 복무하는 참다운 인민적이며 혁명적인 문화를 건설한다. 국가는 사회주의적 민족문화건설에서 제국주의의 문화적 침투와 복고주의적 경향을 반대하며 민족문화 유산을 보호하고 사회주의 현실에 맞게 계승 발전시킨다.

한국 헌법은 제22조에서 '모든 국민은 학문과 예술의 자유를 가진다.'라고 규정하여 모든 국민의 학문과 예술의 자유를 인정하고 있다. 학문과 예술이 국가권력으로부터 억압받지 않음을 천명한 것이다.

중국 헌법 제47조는 '중화인민공화국 공민은 과학연구·문학예술 창작 및 기타 문화 활동의 자유를 가진다.'라고 되어 있다. 학문과 예술의 자유를 보장하는 데서 한발 더 나아가 인민에 유익한 활동에는 국가의 지원·장려까지 할 수 있도록 근거를 마련해 놓고 있다. 전체주의 체제에서 학문과 예술은 체제선전의 유용한 도구이기 때문에 헌법에서까지 이들의 활동을 지원하도록 보장해 놓는 것이다. 이는 오히려 진정한 의미의 학문과 예술의 자유가 보장될 수 없는 환경을 만들 수도 있다.

북한 헌법은 중국보다 한발 더 나아가 학문과 문화·예술을 사회주의 건설을 위한 혁명의 도구로서의 역할, 제국주의 문화침투를 방어하는 수단으로써의 적극적인 역할을 규정해 놓고 있다. 따라서 학문과 예술은 자유를 누리기보다는 체제 유지의 수단으로 동원될 것을 요구하고 있는 것이다.

국민의 기본권 보장 측면에서만 봐도 전체주의 국가에서는 개개인의 인권은 중요시되지 않는다. 그리고 공민의 지위는 국가가 최소한의 자유와 권리를 보장해주는 대신 국가의 필요에 따라 이를 희생할 경우 감수해야 한다. 비록 이러한 체제라 하더라도 인간은 기본적으로 자유와 행복을 갈망한다. 문제는 자유와 권리에 대한 기본적인 욕구가 충족되지 못하면 비정상적인 방법으로라도 이를 확보하려고 하는 데 있다.

아무리 이상적인 사회라고 주장하더라도, 개인에게 주어져야 할 자유와 권리를 제한하고 통제하는 조직과 인간이 있고, 그들이 현실적으로 인민의 자유와 행복의 결정권을 쥐고 남용하는 경우가 있다. 사유재산권과 여행의 자유가 없는 북한과 같은 국가에서 개인이 재산을 모으거나 여행을 하기 위해서 관련 기관 담당자에게 뇌물로 해결하는 것은 이를 뒷받침하는 현상이다. 전체주의 국가의 공통적인 사회현상으로 뇌물이 횡횡하고 부정부패가 만연하는 것은 이러한 연유에서 비롯된다.

이상으로 전체주의 국가인 중국과 북한의 헌법에 나타난 기본권 보장에 대해 자유민주주의 국가인 한국의 헌법과 비교 고찰을 시도했다. 전체주의 국가들도 서방국가들과 마찬가지로 헌법상에는 기본권 보장을 명문화했다. 그러나 현실적으로 이러한 규정들이 효력을 발휘하느냐 하는 문제는 별개다. 성문법과 현실과는 괴리가 있는 것이다. 그 이유 중 가장 큰 것이 사법권의 독립이다. 삼권분립이 제대로 되어있지 않은 중국과 북한 같은 나라들은 당-국가체제로서 사법부가 독립되어 있지 않고 당의 통제하에 있다. 그래서 인권의 침해가 '법과 양심'에 따른 독립적인 사법적 판단에 의해 보장되지 못하고, 오히려 정치적인 판단에 의존하게 된다.

3. 체제가 인간 심성에 미치는 영향

3-1. 이론적 접근

인간은 자연적 환경의 영향을 받을 뿐만 아니라 인위적으로 만들어진 정치사회적인 환경, 즉 '체제' 또는 '제도'의 영향도 받는다. 그것은 체제와 제도가 인간의 일상적인 삶을 규율하는 조건이기 때문이다. 이러한 인간행동과 정치사회적 환경과의 관계를 다루는 심리학의 한 분야인 '행동주의 이론'에 의하면, 외부적으로 관찰 가능한 인간의 행동은 환경으로부터의 일정한 규칙성을 가진 반응이라고 주장 한다. 사람의 성격이나 행동은 내면적이고 심리적인 것으로 설명하기보다는, 오히려 외부환경에 의하여 강화된 행동 패턴에 의한 것이라고 주장한다.[53] 즉 인간은 환경의 자극에 대해 반응하는 유기체이자, 행동은 학습에 의한 것이며 나아가 습관으로 이어진다는 것이다. 스위스의 심리학자 융(Carl G. Jung)에 따르면 인간 개개인은 독립된 존재가 아니라 역사적으로 연결되어 있으며 사회적 규범이나 문화에 적응하면서 자기실현을

---

53) 대표적인 학자로는 러시아의 생리학자인 파블로프(Ivan p. Pavlov)의 '조건화 이론'을 들 수 있다.

해나간다고 주장한다.

　인간성과 체제 또는 제도와의 상관관계는 기본적으로 쌍방
향으로 영향을 미친다. 즉 인간성에 기초한 세계관이 정치사
상의 기본이 되고, 정치사상이 정치체제를 결정하는 것이 한
방향이라면, 그 반대로 정치체제가 인간성과 인간심리에 영
향을 미치는 요인이 되기도 한다. 여기서는 후자의 중요성에
대해 논하고자 한다. 18세기 영국의 정치사상가 버크(Edmund
Burke)는 '보편적인 인간성은 원래 없고, 만들어지는 것이다.'
라고 했고, 19세기 중반 영국의 정치사상가 스미스(Tulmin
Smith)는 정치제도가 인간의 심성과 행동에 직접 영향을 미
친다고 주장했다. 스미스에 의하면 중앙집권적인 정치체제는
개인을 이기적으로 만들어 시민으로서의 공적인 책임을 회피
하게 하고, 나아가 개인주의를 팽배하게 한다고 주장했다. 또
한, 권위주의적 통치는 인간의 심성에서 정신적 부분을 퇴화
시키는 데 반해, 물질적 복지 또는 편안함에 익숙하게 만든
다고 지적하였다. 또한, 20세기 초 전체주의를 비판한 미국의
정치철학자 아렌트(Hannah Arendt)는 전체주의 체제가 장기간
지속되면 인간 본성인 창조성, 다원성 등을 변형시킬 뿐만
아니라, 인간을 체제에 맞게 개조(改造)하기에 이른다고 주장
했다.

3-2. 실증적 고찰

3-2-1. 체제와 인간 속성과의 관계

먼저 체제의 형성과정을 간략히 살펴보면, 봉건사회에서 근대국가들이 출현하면서 인간이 개인(Individual)이라는 정치사회적 존재로 등장하고, 이 개인이 자유의 가치를 천부적인 권리로 인식하기 시작했다. 이와 거의 동시에 사유재산권이 인정되면서 신흥부르주아 시민계층이 중산층을 형성하면서 자유민주주의와 자본주의 이념이 발전해 왔다. 따라서 자유민주주의와 시장경제에서는 개인의 존재가 중요하고 큰 의미를 가진다는 데 주목해야 한다. 개인은 독립적인 개체로서 자유를 누리는 대신, 그에 따른 책임도 따른다. 그리고 어느 공동체에서나 눈에 보이지 않는 평가도 뒤따른다. 이런 개인들은 누구나 사유재산 소유를 위한 물질적인 욕구뿐만 아니라, 소속 공동체에서 덕성과 인품을 갖춘 인격자로서 인정받기를 원한다. 그래야 그 공동체에서 인간다운 삶을 영위하고 생존할 수 있기 때문이다.

이러한 과정에서 개인은 사회가 요구하는 덕목과 기준에 맞게 처신하려고 부단히 노력하게 된다. 공동체 내에서는 개인이 자신을 존귀한 존재로 인식하는 한편, 타인에게도 그렇게 보이려고 노력한다. 여기에 개인의 도덕성, 정직성, 신뢰성, 준법정신 등이 가치의 기준이 되고, 이들이 사회적 규범 (Norms)으로 자리 잡게 된다. 국가나 사회도 학교 교육 등 각종 교육의 기회를 통해 이러한 덕목을 배양하지만, 무엇보다 개인이 이러한 덕성을 갖추려고 스스로 노력한다. 이러한 사회를 소위 '사회자본'(Social Capital)이 구축된 사회라고 부르기도 한다. 이러한 민주시민의 덕목들이 자율적 질서로 작동하는 공동체일수록 정치적, 경제적, 사회적, 문화적 갈등이 줄어든다.

반면, 전체주의적 공산주의 사회에서의 인간 개인은 인격체가 아니라 조직의 일부분에 불과하다. 이는 '전체는 개인을 위하여, 개인은 전체를 위하여.'라는 전체주의자들의 정치적 구호에 잘 나타나 있다. 이러한 사회는 전체가 우선이고, 개인은 철저히 무시된다. 그래서 개인의 자유와 인권은 중요시되지 못한다. 인간으로서 존엄성, 도덕성, 정의감, 인격과 같은 개인의 자유를 기반으로 하는 개념 자체가 생길 여지마저도 없다. 개인으로서 인간의 가치와 판단은 완전히 매몰되고 집단적인 의사만이 존재하기 때문에 개인은 자신의 존재 가치를 상실하게 된다. 따라서 자신의 인격과 정체성에 대해 무관심하고, 중요하지 않게 여긴다.

이런 사회에서는 개인의 인격과 존엄성이 중요하지 않기 때문에 이를 향상할 수 있는 교육의 기회도 주어지지 않는다. 오히려 개인들에게 조직이 지향하는 이데올로기나 사상을 주입하여 체제가 필요로 하는 인간을 만들어내는 일방적 교화(Indoctrination)만이 있을 뿐이다. 즉 국가와 조직이 필요로 하는 인간을 개조하는 세뇌만 있을 뿐, 민주시민으로서 갖춰야 할 시민성(Citizenship)은 배양하지 않는다. 구성원들은 책임 회피와 타율성이 몸에 배게 되어있다. 봉건사회에서 시민사회를 거치지 않았던 동구 사회주의 국가들이 이러한 경험을 했다. 그리고 아직도 전체주의 체제를 유지하고 있는 국가들의 개인들에게서도 이러한 행위들이 나타나고 있는 것은, 이들 체제가 개인의 존재가 중요치 않고 인정되지 않는 속성에서 비롯되는 것이다. 다시 말해 체제가 인간 행위에 영향을 미친 것이다. 사람이 체제를 만들기도 하지만, 체제가 사람을 변형시킨 결과이다.

3-2-2. 민주시민의식에 미치는 영향

근대국가로 발전해오면서 자유민주주의 사회에서 가장 특징적인 현상은 시민사회(Civil Society)의 탄생이다. 봉건시대를 지나 근대국가로 발전하면서 개인은 자유를 획득한 대신 '원자화'(Atomized)된 존재로 변했다. 그래서 중간지대인 시민사회가 필요한 것이다. 시민사회는 국가라는 정치체(Body Politic)에는 속하면서도 자율적이고 사적인 영역으로서 자유주의와 개인주의의 부작용인 갈등의 완충지대 역할을 할 수 있는 곳이다. 나아가 시민사회는 개인이 자유와 평등이라는 가치를 보장받는 대신 책임을 수반하게 하는 민주시민을 양성하기도 한다.

시민사회의 중요성에 대해 프랑스의 정치사상가 토크빌(Alexis Tocqueville)은 시민사회는 개인에게 더 큰 사회와 연결해 공동체 정신을 심어줌으로써 개인 이익을 초월할 수 있도록 해주고, 국가에 대해서는 일반 이익만을 앞세워 개별 이익을 무시하지 못하도록 견제하는 역할을 한다고 보았다. 토크빌에 따르면, 중세 봉건시대에는 귀족이나 교회가 왕권의 전횡을 견제하여 백성들의 권익을 보호해 주었다. 그러나 근대 민주사회에서는 전통적인 귀족이 없을뿐더러 교회의 역할도 제한되어 있어서 개인이 국가권력을 맞서야 하는 상황이 된 것이다. 일반시민들이 자발적인 중간 집단을 결성하여 활동하는 것은 자유주의와 개인주의의 폐해인 개인들의 원자화와 고립화로 인한 사회적 유대감 상실을 막을 수 있는 장치라고 보았다. 나아가, 시민사회는 정부 권력의 지나친 집중화와 오남용을 막을 수 있는 또 다른 차원의 다원주의를 의미한다고 하였다.

그러나 전체주의는 인간의 자율성을 인정하지 않기 때문에 원천적으로 시민사회가 형성될 수 없다. 또한, 모든 개인은 국가기관이나 관변단체의 구성원으로 되어 있어 중간지대가 필요 없고, 인정되지도 않는다. 개인은 국가와 직접적인 관계만 있지, 시민사회라는 제삼지대가 없다. 그래서 원천적으로 민주시민의식이 형성될 수 없는 환경이다. 이미 공산주의를 경험했거나 아직도 공산주의를 이념으로 채택하고 있는 전체주의 국가들의 국민들에게서 시민의식이 부족함을 느끼는 것은 이 때문이다.

3-2-3. 창의성과 근로의욕에 미치는 영향

20세기 공산주의로 인류 역사에 큰 영향을 미친 마르크스는 모든 갈등은 경제구조에서 비롯되므로, 계급투쟁을 통해 계급 없는 사회를 만들면 갈등이 존재하지 않을 것이라 믿었다. 공산주의자들은 개인은 자신의 이익보다 공동의 이익을 추구할 것이라고 믿고 '능력에 따라 일하고, 필요에 따라 갖는다.'라는 지상낙원을 꿈꾸며 이상적인 이념에 사로잡혀 있었다. 그러나 모든 인간사회의 갈등은 인간 본성인 이기심에서부터 나온다. 사회를 변혁해 체제를 바꾼다 해도 인간의 이기심은 근절되지 않기에 개인보다 공동의 이익을 앞세운다는 것은 이론상 가능할지 모르나 현실에서는 불가능한 일이다. 공산주의는 경제구조를 변화시켜 인간의 삶을 변화시키기보다는 오히려 인간성을 악화시키고 퇴화시키는 결과를 가져 왔다. 이는 인간 본성의 문제로, 인간의 이기심은 사회보다 더 본질적인 것이기 때문이다.54)

체제가 인간의 심리에 가장 심각하게 영향을 미치는 부분은 창의성과 근로의욕이라고 할 수 있다. 이들은 인류문명을 풍요롭게 발전시키는 수레의 두 바퀴와 같다. 창의성 발휘는 자율성, 심미성, 호기심, 자신감, 동기부여 등이 전제되고, 이들이 조화를 이룰 때 나타나는 것이다. 자유가 보장되고 시장경제가 활성화된 체제가 이러한 여건을 조성해 주고 있다. 그러나 공산주의와 같은 전체주의 체제에서는 국가가 모든 계획이나 결정을 주도적으로 하고 개인은 그 결정을 무조건 따라가야 하기 때문에 창의성과 근로의욕이 떨어지는 것은 당연하다. 특히 사유재산을 인정하지 않거나, 제한적으로 인정하기 때문에 개인의 창의성 발휘와 근로의욕의 향상이란 기대하기 어렵다. 인간은 자신의 이익과 연계되지 않으면 적극적으로 창의성을 발휘하지 않고, 노력도 하지 않는다. 공산주의 국가들의 광범위한 복지정책이 개인의 창의성과 근로의욕 저하를 가져오는 또 다른 요인이기도 하다.

---

54) 최용철(역), 『인간 본성에 관한 10가지 철학적 성찰』, 서울: 자작나무, 1996, pp.117-140.

제7부

21세기 신 전체주의
(Neo-totalitarianism)
등장

20세기 등장했던 전체주의는 본질에서 신정체제나 절대왕
조체제나 다를 것이 없다. 다만, 통치에 맞춰 이데올로기로
포장한 진화된 전제정치(專制政治) 체제일 뿐이다.[55] 이러한
고전적 전체주의는 이상적인 사회를 현실화하려고 시도했으
나 어느 국가도 성공하지 못했다. 그런데 21세기 들어서도
다시 전체주의 파시즘 출몰에 대한 우려가 나타나고 있다.
특히 민주주의와 시장경제의 틀 속에서도 국가가 특정한 목
표를 세우고 이를 실현해 나가는 과정에서 생겨난다. 이를
'전도된 전체주의'라고 부르는 학자도 있다. 전체주의를 돌연
한 출현이 아니라 진화하는 것으로 이해하는 것이다. 국민들
에게 너무나 익숙해져 있는 민주주의 요소들, 즉 삼권분립,
대중선거, 정치결사의 자유 등을 제도적으로 갖추고 있지만,
실제적 운영에서는 전체주의적으로 나타난다는 것이 특징이

---

55) 이상우, 『북한정치: 신정체제의 진화와 작동원리』, 서울: 나남, 2008,
   p.90.

다. 21세기 전체주의는 '민주주의 가면'을 쓰고 나타난다.

1. 미국, 단극적 패권(覇權)

지난 20년여 동안 미국은 소련 붕괴 이후 세계 질서를 재구축하고 있다. 현재 미국은 유일한 세계 군사강국이자 경제강국이다. 2018년 미국의 국방비는 7,160억 달러로 여타 국가의 국방비를 모두 합친 것보다 많다. 미국의 군사력은 너무나 압도적이어서 그 어느 국가도 전쟁을 통해 미국의 패권적 위상을 바꿀 수 있는 상황은 현재로서는 상상할 수가 없다. 미국의 막강한 군사력은 경제력이 뒷받침하고 있다. 조지 프리드먼의 저서 『21세기 지정학과 미국의 패권전략』에서 미국으로서는 군사력을 사용하는 가장 효율적인 방법은 새로 부상하는 국가가 조금이라도 위협이 되기 이전에 미리 분쇄하는 것이라고 할 정도다.

미국은 원래 제국(帝國)이 되는 것을 원치 않았을 뿐만 아니라, 오히려 이를 기피하기 위해 고립주의 노선을 택하기도 했었다. 그러나 소련 붕괴 이후 국제 상황이 원하든 원하지 않든 미국을 그렇게 만들고 있다. 엄청난 경제력, 전 세계 국가들과의 관계, 그리고 세계 곳곳에 주둔하고 있는 미군의 위력은 사실상 제국으로서의 위상을 충분히 갖추고 있다. 이러한 상황에서 미국이 패권국가의 역할을 하지 않는다면 국제질서는 엄청난 혼돈으로 빠져들게 될 것이다. 왜냐하면, 국제질서는 패권국가가 질서를 잡아나가야 하기 때문이다. 패권국가가 없는 무극구조(無極構造) 상태로는 질서 유지가 되지 않는다. 지금 미국으로서는 패권 경쟁자가 사라진 상황에서의 전략적 목표는 미국에 도전하는 국가가 출현하는 것을 사전 차단하는 것이다. 미국 국무장관을 지낸 콜린 파월(Colin L. Powell)의 언급에서 이러한 상황을 이해할 수 있다. "우리가 구상해야 할 것은 우리가 하나의 슈퍼파워라는 것이다. 우리는 전 세계에 책임질 의무가 있는 세계무대의 주요 행위자라는 것이다." 미국은 조지 부시 대통령 이후 트럼프 대통령에 이르기까지 민주주의와 시장경제 가치의 확산을 위해 대테러 등을 통해 패권적 세계질서를 잡아 오고 있다. 그러나 이러한 미국을 전체주의 범주에 포함하는 것은 적절치 않다. 왜냐하면 미국은 비록 패권국의 위치를 확보하고 있지만, 국가 탄생에서부터 지금까지 개인의 자유와 인권을 최고의 가치로 보장해 오고 있기 때문이다.

그러나 클린턴 대통령 시절 국무장관을 지낸 올브라이트(Madeleine Albright)는 저서 『파시즘 경고』(Fascism- a warning)에서 "파시즘은 어느 날 갑자기 나타나는 것이 아니라 서서히 나타난다."고 지적한다. 미국 트루먼 대통령이 1945년 UN 개막연설에서 "파시즘은 무솔리니나 히틀러가 죽었다고 사라지지 않는다. 파시즘의 씨앗은 광적인 사람들의 마음속에 뿌리를 내리게 된다."라고 한 말을 인용하고 있다. 그 책에서 "나는 파시즘에 대해 생각해본 적이 없다. 그러나 80세가 된 이 나이에 지금부터 전체주의 등장에 대한 우려를 하게 된다."라고 기술하고 있다. 아마도 러시아 푸틴 대통령의 장기 집권, 중국 시진핑의 주석직 중임 제한 철폐 등 최근 초권위주의적 권력 형태의 등장, 그리고 미국 트럼프 대통령의 독단적 통치형태를 목도하면서 21세기 전체주의 부활을 우려한 것으로 보인다.

한편, 냉전체제 종식 이후 21세기 들어 새로운 국제질서가 형성되는 과정에서 단극(單極)의 미국이 초강대국으로 위상을 높이자 러시아, 중국 등 강대국들이 힘의 균형을 유지하고, 또 자국 방어를 위해 중앙집권적이고 권위주의적인 신(新)전체주의 경향을 보이기 시작하고 있다. 또한, 인류문명사적으로 볼 때 절대 선(善)의 체제가 존재할 수가 없고, 시간이 지나면서 이념과 체제의 한계성이 나타나게 된다. 특히 '신자유주의'를 근간으로 하는 글로벌리즘이 국제사회에서 경쟁심화로 나타나고 있는 가운데, 거대한 강대국들은 자국의 국익 보호를 위해 자유방임적 통치 방식보다는 중앙집권적인 통치 방식으로 바뀌어 가는 경향을 보이고 있다.

2. 러시아, 푸틴주의(Putinism)

붕괴된 소련에 이은 러시아는 여전히 광활한 국토와 엄청난 자원을 가진 국가이고, 전략적으로도 유리한 위치에 있어 쉽사리 약소국이 되지 않는다. 여기에 국제질서의 중요성을 누구보다 잘 아는 푸틴(Vladimir V. Putin) 대통령은 일찍이 러시아가 안정되려면 강력한 국가가 필수적이라는 생각을 강하게 갖고 있었다. 거기다 군사적으로 나토(NATO)가 팽창하고 있고, 결국은 자신을 침공할 것이라는 불안한 심리가 가중되고 있다. 그런 푸틴은 4번째 대통령직을 수행하고 있다. 그 이전에 이미 총리직을 수행한 기간을 합치면 20년 동안 지도자로 러시아를 통치하고 있다.[56] 그래서 푸틴은 스탈린 이후 가장 오래 권력을 쥔 현대판 차르(Tsar)라고 불리기도 한다.

---

56) 푸틴 대통령은 2000년부터 연임해 8년간 대통령직을 수행한 후 러시아 헌법상 3선 연임 금지 규정에 따라 2008~2012년 4년은 총리로 재직했다. 그 후 2012년에 다시 대통령으로 당선되어 세 번째 6년 임기를 마치고, 현재 4기(2018~2024) 대통령직을 수행하고 있다.

푸틴주의는 이미 2000년 1월 31일 <뉴욕 타임즈> 기자 윌리엄 사파이어(William Safire)가 처음 사용한 '푸티니즘'의 또 다른 표현이다. 그 당시 푸티니즘은 널리 회자되지 못했으나 2012년 푸틴이 대통령으로 재취임하고, 2014년 우크라이나의 크림반도를 합병하자 정계와 언론계에서 주목하게 되었다. 푸틴주의는 그 속성인 권위적인 통치 방식, 강대국 이데올로기, 프로파간다, 비밀경찰의 역할 등에서 알 수 있듯이 비판적인 의미로 사용되고 있다. 러시아의 사회학자 구드코프(Lev Gudkov)는 "푸틴주의는 비밀경찰이 관료주의 분파들과 국영기업들의 사적인 이익 충족을 위해 권력을 행사하는 후기 전체주의(Post-totalitarianism) 통치 체제다."라고 했다.57)

러시아의 신권위주의 회귀의 요인은 개혁개방으로 인한 세계화와 서구식 개혁이 혼란과 부정적인 파급효과로 나타나는 데 대한 반작용으로, 서구식 가치와 제도를 자신의 방식으로 바꿔 나가려는 몸부림이다. 사회주의 굴레를 벗어던진 러시아로서는 서방의 자유주의 영향력이 침투하는 것을 막는 것이 중요했다. 여기다 러시아인들의 DNA 속에 자리 잡고 있는 외부세계와의 고립성향도 한몫했다.

---

57) Margareta Mommsen, 이윤주 역, 『*The Putin Syndicate*』, 서울: 한울, 2019, 참조.

푸틴은 지도자로 선출된 이후 줄곧 70~80% 이상의 국민적 지지를 받고 있다. 최초 지도자로 등장했을 때는 KGB 출신으로서 러시아 국내외 정세에 대한 판단 능력, 전임자인 옐친이 노령에다 알코올 중독자로 알려진 데 반해, 그는 40대 후반의 술을 거의 하지 않는 맑은 정신의 참신한 지도자의 이미지가 러시아 국민들에게 호감을 주었다. 최근 2018년 3월 대통령 선거에서 푸틴은 무소속으로 출마하여 76.7%로 재선에 성공할 정도로 지지율이 높다. 푸틴은 과거 소련 시기 공산당이 없으면 소련이 없다고 했듯이, 지금은 푸틴이 없으면 러시아가 없는 시대로 되어가고 있다. 그는 과거 소련 시절의 이데올로기인 마르크스-레닌주의 이념을 개인적인 카리스마와 능력으로 대치하고 있다는 평가도 있다. 현재 푸틴 치하의 러시아는 공산주의 실패로 체제전환은 했지만, 전체주의와 다를 바 없는 권위주의적 통치 스타일과 자본주의 시장경제체제를 유지해 오고 있는 하이브리드(Hybrid) 체제라고 할 수 있다.

러시아 경제는 천연자원 수출 의존도가 높아 유가 변동이 많은 영향을 미치게 되어있고, 지정학적 긴장 고조에 따른 서방세계의 제재도 만만찮게 영향을 미치는 것이 특징이다. 2014년 저유가 추세와 그해 3월 크림반도 병합 이후 서방의 경제제재로 성장 동력이 크게 떨어진 상태가 아직도 지속되고 있다. 거기다 국내 소비 및 투자의 부진으로 연평균 1%대의 낮은 성장률을 보이고 있다. 러시아 경제는 아직도 구조 개혁이 미흡하여 대부분의 공산품은 수입에 의존하고 있다. 천연자원의 수출이 국내 투자로 이어지지 못하고 소비재 수입으로 대치되는 형국이다. 그래서 러시아 정부는 수입대체 산업 육성, 경제구조 개혁, 외국 투자유치 등이 항상 경제 당면과제로 등장하고 있다. 비효율적인 국영기업을 민영화하는 과제도 경기침체와 국영기업의 주가 하락으로 순조롭게 진행되지 못하고 있다.

약 20년 전 취임 당시 푸틴 대통령의 '강한 러시아 재건'은 아직도 국가 비전으로 되어있다. 이는 푸틴의 세계관으로 비록 구소련체제가 붕괴되었지만 당시 소련연방공화국들이 여전히 러시아의 지배권 아래 있어야 한다는 것이다. 이러한 사고가 2014년 3월 우크라이나 영토인 크림반도를 전격적으로 침공하여 자국의 영토화 하는 것으로 나타났다. 크림반도 점령 후 푸틴에 대한 지지율은 86%까지 치솟았다. 이제 푸틴주의는 개인 우상숭배의 수준에 이르렀다. 러시아 국민들 저변에 깔린 지나친 애국사상이 이를 부추기는 측면도 있고, 푸틴 개인적인 카리스마도 작용하고 있는 것이다. 일반적으로 우상화는 위로부터가 보통인데, 푸틴의 경우 아래로부터의 자연스러운 우상화가 이루어지고 있다는 점이 다르다.

그러나 체제 전환과 개혁이 순조롭지 않고, 경제가 크게 개선되지 못하는 상황에서 국가주의와 권위적인 통치로 거대 러시아를 이끌어 오고 있는 푸틴은 언제까지 국민들의 기대에 부응할 수 있을까? 러시아 의회인 두마(Duma)가 아직 대의기관으로서 기능을 제대로 하지 못하고 있고, 언론의 자유나 시민단체가 활성화되지 못하고 있는 러시아의 현실에서, 푸틴에 대한 '견제와 균형'을 이룰 세력이 없어 그의 1인 지배의 권위주의적 통치는 지속될 것으로 보는 시각이 많다. 그러나 내부적으로는 민주주의에 대한 열망과 개인의 자유 제한과 부정부패에 따른 불만 등이 누적되고 있는 것은 그에게 큰 도전으로 다가올 것이다. 거기다 최근에는 주요 요직에 측근을 배치하고, 이들을 통해 부를 축재하는 절대권력 말기의 현상은 또 다른 위험 요인이 되고 있다.

3. 중국, 중화주의(中華主義)

한 국가의 경제발전은 정치발전으로 이어지는 것이 일반적이다. 그러나 중국은 이에 역행하는 일련의 조치들이 시진핑 집권 이후 연이어 나타나고 있다. 그 대표적인 것이 중국의 헌법개정을 통한 주석의 연임 제한을 철폐한 것이다. 종전의 국가주석의 연임 제한인 '2번 최장 10년'의 임기제가 폐지되고, 2018년 전국인민대표대회에서 개정된 헌법은 주석의 임기가 사실상 종신까지 할 수 있도록 하였다. 시진핑 주석은 2017년 10월 19차 당 대회에서 2020년, 2035년, 2050년의 장기 목표를 제시했다. 2020년은 1921년 공산당 창립 100주년으로서 소강사회(小康社會)를 이루는 것이다. 2035년까지는 사회주의 현대화를 달성하고, 2050년은 1949년 신중국 정부수립 100주년으로서 사회주의 강국을 건설한다는 계획이다. 이러한 목표를 달성하기 위해서는 주석의 임기를 10년으로 제한하는 것은 적절치 않다는 것이 논리다. 주석의 임기 철폐에 이어 공산당의 국정 장악력을 강화하기도 했다. 이번에 개정된 헌법 제1조에는 "중국공산당의 영도는 중국특색사회주의의 가장 본질적인 특징이다. 어떠한 조직 또는 개인이 사회주의를 파괴하는 것을 금지한다."라고 규정하고 있다. 시진핑 시대 들어 '당-국가체제'를 더욱 공고히 하고, 공산당으로 하여금 국가업무에 더욱 깊게 관여할 수 있도록 한 조치이다.58)

경제부문에서도 시장경제가 다소 후퇴하는 현상들이 시진핑 체제에서 나타나고 있다. 2013년 18기 중앙위원회 3

---

58) 손한기, "중국의 헌법개정-2018년 중국헌법개정의 주요 내용과 그에 대한 평가를 중심으로", 『법학논고 제61집』, 경북대학교 법학연구원, 2018, PP.27-59.

차 전체회의 결의문에서 "시장이 자원 배분에 있어 결정적 역할을 한다."라고 하였으나, 현실은 국유기업을 지원하고 육성하는 정책들을 펼치고 있다. 이를 두고 "우측 깜빡이를 켜고 좌회전을 한다."라고 비유하는 사람도 있다. 최근 들어 경제 성장률이 연 6%대에 머무르고 있다. 여기에다 연평균 10% 이상의 임금 인상과 노동계약법의 본격적인 적용으로 5대 보험과 주택기금 등을 부담해야 하는 민영기업은 점점 힘들어지고 있다. 부실해진 민영기업은 결국 국유기업화의 길을 가게 정부가 유도하고 있다. 국유기업의 증가 추세는 중국경제의 시장경제화와는 거리가 멀어지게 만든다. 직업선택의 자유도 경제발전 상황에 부응하지 못하고 답보 상태로 있다. 대학에서 학생 선발 인원도 전공별 입학 정원이 정부의 계획하에 이뤄지고, 졸업생들의 취업도 자유의사에 따라 하기보다 정부가 정해주는 대로 가는 경우가 많다. 각 성(省), 시(市) 등이 필요한 인원 소요를 제기하면 각 대학은 학생의 희망, 출신지역, 성적, 능력 등을 고려하여 직장을 배치해준다. 아직도 직업선택의 자유가 제한되고 있어 절반 정도의 학생들은 정부가 배치하는 대로 직장을 가야 하는 것으로 알려져 있다.

시진핑 정부 들어 종교의 자유를 더욱 교묘하게 억압하고 있다는 평가가 나온다. 2016년 4월 개최된 '전국종교사업회의'에서 시진핑 주석은 "종교사업의 법치화 수준을 제고시켜야 하고, 법률로 정부와 종교사무 관리행위를 규범화해야 하며, 법률로 종교와 관련된 각종 사회관계를 조절해야 한다."라고 강조했다. 그 후 2018년 2월부터 개정 시행된 '종교사무조례'는 종교 활동을 강도 높게 통제하는 내용으로 되어있다. 중국 정부는 대외적으로는 정교분리원칙을 천명하고 있으나, 실제는 종교 활동에 철저히 개입하고 있다. 동 개정 조례 제4조에는 '종교는 사회주의 핵심가치를 이행한다.' 그리고 '그 누구도 종교를 이용하여 국가안전을 위해 하는 위법 활동을 진행해서는 안된다.'라고 규정하고 있다. 제6조는 '각급 인민정부는 반드시 종교 공작을 강화하고 건전한 종교 공작 체계를 구축하며 공작역량과 필요한 공작여건을 보장해야 한다.'라고 하여 말단 행정 단위에까지 종교 활동을 감독할 권한을 부여하고 있다. 2018년 종교사무조례는 중국 정부가 종교에 관해 더욱 엄격한 통제력을 발휘하여 더욱 확실하고 구체적으로 인민의 종교 활동을 통제하겠다는 의지가 내포되어 있다. 시진핑 정부는 '의법통치'(依法統治)를 주장하지만 체제유지를 위해 종교의 자유를 더욱 제한하는 것이다.

최근 시진핑 정부가 빅브라더(Big Brother)로서 감시와 통제를 강화하고 있는 현실을 <뉴욕타임스> 2018년 10월 2일

신문에서 "중국정부의 감시의 눈이 강의실에까지"(China's watchful eye reaches into the classroom)라는 제목으로 보도한 바 있다. 중국 정부에 의한 대학 강의실 모니터링 실상을 폭로한 대학교수의 경험담을 소개했다. 그는 "대학 강의실에 감시 카메라와 스피커가 설치되어 있고, 그 상태에서 강의를 하고 있다. 중국 당국은 모택동 시대로 거슬러 올라가 그때의 노하우와 최근 감시기술이 융합하여 교수와 학생들이 사회주의의 이념에 따르는지에 대한 여부를 감시하는 체제를 갖추고 있다."라고 증언했다. 이는 교수들이나 학생들이 서방의 가치(Values) 기준으로 중국 정부를 비판하는지에 대해 모니터링하는 것을 목적으로 하고 있다. 시진핑 주석이 대학을 '당의 요새'(Party Strongholds)라고 강조한 이후, 중국의 대학들은 이를 충실히 따르고 있다. 중국의 상위권 대부분 대학들은 2017년부터 대학 내 '이념과 정치담당' 부서를 두고, 일부 학생과 교수들이 교내에서 당의 공식적인 노선에 배치되는 언행을 할 경우 이를 보고하도록 하고 있다. 중국이 인공지능 등 기술 고도화를 통해 전체주의 국가가 상시로 하는 감시 및 통제를 더욱 효율적으로 한다면 중국의 기술발전은 새로운 형태의 독재체제, 즉 '디지털 전체주의'(Digital Totalitarianism)가 현실화되는 것이다.

4. 한반도, 종족적 민족주의

미국, 러시아, 중국에 이어 한반도가 전체주의로 변화될 가능성을 내포하고 있는 것은 전체주의 북한이 현실적으로 존재하고 있고, 또 머지않아 이러한 북한과 통일이 될 수도 있기 때문이다. 여기서는 한반도가 전체주의로 갈 수도 있는 내재적 요인들을 살펴보기로 한다.

4-1. 민족주의 부활 조짐

우리나라에서 민족주의는 일본 제국주의 침략에 저항하고, 나아가 근대화를 위한 민족 계몽의 성격을 띤 '저항적 민족주의'로부터 시작하였다. 특히 민족주의 이념의 세력화는 백범 김구(金九)를 중심으로 형성되었다. 당시 민족주의는 해방 후 한반도에 단일 정부를 세우는 문제를 놓고 이승만과 논쟁을 벌이는 과정에 중요한 중심 이념으로 역할을 하였다. 김구를 중심으로 하는 민족주의자들은 민족(民族)이 이념(理念)보다 중요하고 우선하기 때문에 민족이 단합하면 강대국들이 간섭해도 분단을 극복할 수 있을 것으로 믿었다. 특히, 김구는 중국에서 독립운동을 하면서 김원봉, 김두봉 등 좌파와 좌우 합작을 경험한 바 있어 더욱 그렇게 믿었던 것 같다. 그러나 김구가 귀국한 1945년 11월에는 소련이 이미 북한을 공산주의 국가로 만들 준비를 진행하고 있었기 때문에 남북통합은 불가능했던 것이다. 일제로부터 힘들게 해방된 한반도를 하나의 민족 국가로 만들어야 한다는 당위성은 이론의 여지가 없다. 그래서 민족을 앞세운 통일 논의가 현재까지 끊이지 않고 있고, 분단 극복과 통일 과정에서 민족주의는 꾸준히 위력을 발휘해 오고 있다. 최근 들어서도 이러한 움직임이 있다. 대한민국 건국의 날을 1948년 8월 15일 정부 수립일로 보지 않고, 1919년 4월 11일 상해 임시정부가 출범한 날로 삼아야 한다는 주장은 결국, 민족주의를 앞세운 김구가 주로 활동했던 임시정부를 모태로 정부를 수립해야 한다는 임정법통론(臨政法統論)과 관련이 있다. 앞으로 통일 과정에서 민족주의가 집단으로 재점화되면 자유 민주주의와는 갈등관계를 형성하게 될 것이다.

4-2. 북한의 핵 보유 집착

북한의 핵무기 보유의 꿈은 김일성 때부터 시작되었다. 김일성은 2차 대전 당시 막강한 군사력을 가진 일본이 미국의 원자탄 2발로 항복하는 것을 보고 북한도 핵무기를 가져야겠다고 결심한 것으로 알려져 있다. 그래서 1950년대 중반 이미 김일성종합대학과 김책공대에 핵물질 관련 학과를 설치하였다. 그 이후 60년 이상 경제난에도 불구하고 인민들의 허리띠를 졸라매고 핵무기를 개발해 왔다. 또 북한의 대외정책의 기조에는 '포위의식'(Besieged Consciousness)이 깔려있다.

즉 북한은 지정학적으로 중국, 러시아, 일본, 그리고 한미동 맹인 한국과 미국의 군사력에 포위되어 있다는 안보 불안 의식에 사로잡혀 있다. 거기다, 당장 북한의 경제력으로는 남한 군사력과 경쟁을 위한 재래식 신무기도입과 기존 장비의 유지비를 지탱할 여력이 없다. 핵무기로 남한의 우세한 재래식 전력증강과 군사력에 대항하겠다는 전략이다. 이러한 이유로 인해서도 북한이 대외적으로는 비핵화가 선대(先代)의 유훈 이라고 하지만 포기하지 않을 것이다.

4-3. 북한은 개조된 인간의 집단이성 사회

북한의 김씨 왕조는 김일성의 공산혁명 이후 지금까지 70년여 동안 인민들을 철저히 세뇌하여 체제에 순응하는 인간으로 개조해 왔다. 선전선동 매체를 통해 어린이부터 성인에 이르기까지, 김일성 일가의 우상화와 체제의 우월성을 교화시킨 것이다. 거기다 북한은 집단 이성이 지배하는 사회다. 인민 한 사람 한 사람의 이성과 판단은 있을 수가 없다. 오직 전체의 방향에 따를 뿐이다. 북한의 김씨 왕조는 이를 바탕으로 유지되고 있다. 그래서 북한의 체제 변화는 김씨 왕조의 우상화 폐기와 집단 이성 포기를 의미한다. 그런데 지금까지 해 온 김일성, 김정일, 김정은의 우상화와 거기에 바탕을 둔 집단 이성을 폐기할 수 있을 것인가? 이는 백두혈통이 권력을 유지하는 한 불가능한 일이다.

4-4. 북한 체제전환의 한계성

사회주의 체제전환 필요성 요인은 대내적 요인과 대외적 요인, 정치적 요인과 경제적 요인으로 나눌 수 있을 것이다. 대내적 요인으로는 북한의 사회주의가 70년 이상 외치던 이상사회를 구현해 내지 못한 데에서 오는 혁명에 대한 피로감과 신뢰의 상실로 민심이완 현상이 나타나는 상황이 될 것이다. 대외적 요인으로는 사회주의 종주국이었던 소련과 중국도 진정한 의미의 마르크스-레닌주의를 포기하고 시장경제와 민주주의를 수용하고 있다. 정치적 요인으로 배급제가 더 이상 존재하지 않는 상황에서 동원력이 떨어지는 데 있고, 경제적 요인으로는 사회주의 경제의 비효율성에 있다.

현실적으로 북한에서 체제전환의 의미는 넓게는 김정은 체제를 붕괴시켜 김씨 왕조 체제를 끝내는 체제의 변동(Regime Change)일 것이고, 좁게는 김정은 체제는 그대로 유지하되 경제체제를 시장경제화하는 것으로 나눠 볼 수 있다. 후자에 대해 논의를 하면, 북한이 체제를 전환할 가능성은 중국식 개혁개방이 가장 많이 거론되어 왔다. 정치체제는 그대로 유지하면서 경제부문만 시장경제 체제를 받아들이는 것이다.

이는 앞에서도 언급했듯이 '실사구시'(實事求是) 사고에 의한 '사상해방'이 되어야 가능하다. 그러나 북한의 경우 중국의 권력이 주기적으로 교체되는 집단지도체제인 것과 달리, 혈통에 의한 권력 세습과 1인 독재체제를 유지하고 있다. 북한 정권은 실제로 한 번도 교체되지 않았고, 김일성 후세에게만 권력 승계가 있었다. 그래서 권력의 변화가 없었고 체제가 경직되어 왔다. 이러한 여건에서 시장경제가 확산되면 체제의 취약성은 높아질 수밖에 없다. 왜냐하면, 시장경제는 개인의 자유 영역을 넓혀 독재체제 유지를 어렵게 만들기 때문이다. 3대까지 이어오면서 김씨 왕조의 정통성이 점점 옅어지고 있는 상황에서는 더욱 중국식 체제전환을 주저하게 되는 것이다.

김정은 이후 당-국가체제가 점차 정상국가의 모습을 갖추어 가면서 핵보유국 지위를 받으면 우리로서는 최악의 시나리오이고, 남북 간의 세력균형이 깨질 수도 있다. 특히 북한의 핵무기가 비대칭 전력에서 우위에 있고, 이를 앞세워 남북 간 '세력전이'(勢力轉移)가 나타날 경우, 자유민주주의 체제로의 통일에 차질이 일어날 수도 있다.59) 이러한 상황에서 북한이 체제전환보다는 체제유지를 하면서 민족주의와 핵무

---

59) 민족화해협력범국민회의 정책위원회, 『김정은 체제 5년, 북한을 진단한다』, 서울: 늘푸름, 2017, 참조.

기를 앞세운 통일이 이뤄질 경우, 한반도는 전체주의적 정치 체제로 바뀔 가능성이 있다.

제8부

통일, 우리의 선택은?

1. 통일 여건의 변화

분단 이후 통일은 우리 민족의 최대 관심사이고 희망이다. 북한은 6.25 남침으로 적화통일을 기도했으나 실패했고, 그 이후에도 남북은 지금까지 꾸준히 통일을 모색하고 있다. 그 과정에서 통일은 어느 한쪽이 하고 싶다고 되는 것도 아니고, 우리 민족만이 원한다고 쉽게 되지 않는다는 현실을 확인했다. 역설적이지만, 통일은 어느 날 갑자기 올지도 모른다. 그래서 항상 대비해야 할 필요가 있다. 통일 여건의 변화와 재조명을 위해 한반도 내부적 요인과 외부적 요인을 살펴보기로 한다.

1-1. 내부적 요인

내부적 요인으로 첫째는 북한이 핵보유국으로 그 위상을 달리 한 것이다. 군사력의 절대적 우위 상황은 직접적인 무력행사를 하지 않더라도 위협 그 자체만으로도 통일을 이룰 수 있는 유리한 상황을 만들 수 있는 것이다. 이는 곧 남북한 군사적 힘의 균형에 의한 '현상유지'(Status Quo)가 깨어지는 상황을 의미한다. 또 다른 내부적 요인으로 3대째 세습권력인 김정은으로서는 더 이상 인민들의 힘겨운 삶을 설득할 명분을 찾기가 쉽지 않은 데 있다. 당장 김정은으로서는 인민들에게 내놓을만한 치적을 만들지 못하면 지도자로서의 정통성 유지가 순탄치 않을 것으로 보인다. 현재 북한 주민들의 의식 수준은 할아버지, 아버지 때와는 많이 달라져 있기 때문이다. 그 치적 중 제일 중요한 것이 경제문제 해결에 있다. 배급제가 없는 독재체제에서 인민들에게 먹고사는 문제를 해결해주지 않으면 통치가 힘들고, 3대 세습권력의 명분도 없다. 그래서 김정은은 핵 개발 이후 경제문제를 해결하기 위해 수단과 방법을 가리지 않는 것이다. 당장은 서방세계로부터 경제제재를 벗어나 경제지원을 받거나, 남한 당국으로부터 개성공단과 금강산 관광 재개를 바라는 것이다. 한편, 장기적으로는 남한의 경제력을 공유하는 방편을 꾀할 수도 있다.

또 다른 내부적 요인으로 남한에서의 진보세력의 득세다. 남한의 진보세력의 통일관은 남북한이 단일민족으로 통일을 이루는 것이 그 어떤 가치보다 우선한다고 생각한다. 즉 민족이 체제나 이념보다 중요하다고 인식하고 있는 것이다. 자유민주주의든 사회주의든 그 어떤 체제도 민족의 통일에 우선할 수 없다는 것이다. 여기서 민족주의 기원에 대해 잠깐 살펴보면, 민족주의는 18세기 독일에서 근대국가의 형태를 앞서 갖춰가는 프랑스와 영국 등에 대항하는 안티테제(Anti-These)로 등장하였다. 원래 독일 민족주의는 프랑스 계몽주의와 합리주의에 반대하여 독일 특유의 문화, 역사, 민족을 강조하면서 정감(情感)에 호소하는 당시 낭만주의와 결합하여 '정치적 낭만주의'(Political Romanticism)로 나타났다. 앞에서도 언급했지만, 1808년 피히테(Johann G. Fichte)가 독일이 나폴레옹의 점령하에 들어가자 '독일 국민에게 고함'이라는 연설을 한 것은 바로 민족주의에 대한 호소였던 것이다. 독일의 낭만적 민족주의는 결국 집단적 이성에 호소하는 전체주의 나치 정권을 탄생시키는 결과를 초래했다. 민족주의는 전체주의를 초래할 우려가 있다.

우리의 민족주의(民族主義)는 국권을 상실한 일제 치하에서 독립을 추구하는 과정에서 일본에 저항하기 위하여 동일 민족이라는 집단적 개체의 결집을 위해 생겨나기 시작했다. 특히 북한에서 이를 김일성의 항일투쟁 이데올로

기로 활용하여 공산혁명 과정에 이용했고, 그 후 김정은
에 이르기까지 3대에 걸친 김씨 왕조를 관통하는 통치이
데올로기로 작동하고 있다. 원래 사회주의와 민족주의는
이론상 함께 할 수 없는 관계다. 사회주의는 '민족'보다
'계급'을 중시하기 때문에 계급주의와 민족주의는 갈등의
관계다. 소련 당시 '전 세계 노동자여 단결하라.'라는 구
호는 민족주의를 부정하는 주장이었다. 북한도 민족주의
를 반(反)혁명 세력으로 간주해 왔다.[60] 그러나 1990년대
후반 동유럽권 붕괴를 보면서 '조선민족제일주의'를 들고
나와 그들과 달리 북한은 붕괴하지 않을 것이라고 인민들
에게 선전하기 시작하면서부터 통치 필요에 따라 민족주
의를 부활시켰다.

특히 북한이 근래에 들어 '민족자주', '우리민족끼리'를 들
고나오는 것은 민족주의 의식을 부추겨 그들에게 유리한 통
일 분위기를 조성하기 위한 전술이다. 남북한이 하나의 민족
이라는 의식을 확산시켜 체제를 달리하는 현실에서 '단일민
족'을 앞세워 통일의 본질인 '체제' 문제를 희석하고, 민족통
일이 체제통일보다 중요시하게 하는 술책인 것이다. 남한 사
람들에게 통일 문제의 핵심을 체제문제에서 민족주의로 관심

---

60) 전우현, 『가짜 민족주의, 진짜 민족주의』, 서울: 동방문화사, 2014, 참조.

을 돌려 감상적, 낭만적으로 받아들이게 만드는 것이다. 특히 북한 공산정권의 수립 과정과 한국전쟁 등에 대한 경험과 인식이 부족한 우리 젊은이들로 하여금 민족을 앞세워 북한의 통일전략에 말려들게 하는 것이다.

1-2. 외부적 원인

통일 분위기에 변화를 초래하는 외부적 요인으로는 최근 들어 치열해지는 미국과 중국 간의 패권경쟁이다. 미국은 소련 붕괴 이후 세계 유일 강대국으로 세계 질서를 유지해 왔다. 그런데 중국이 급속한 경제 성장으로 국력이 커지면서 이에 도전장을 내민 것이다. 중국 시진핑 시대 접어들어 '일대일로'(一帶一路) 대외정책 발표가 대표적인 예이다. 이는 중국이 등소평 이후 도광양회(韜光養晦)의 대외정책을 뒤로 하고 중국의 국력을 과시하는 굴기(崛起)의 징조를 보인 것이다. 이를 견제하기 위한 미국의 대외정책은 이미 오바마 행정부 당시부터 '아시아 회귀'(Pivot to Asia) 정책으로 나타났으며, 트럼프 행정부에서는 태평양에 이어 인도양까지 연결하는 집단안보체제 구축으로 나타나고 있다. 여기서 한반도의 전략적 중요성이 재평가된다. 중국은 북한에 이어 한국을 중국의 협력동반자로 공을 들이고 있다. 반면, 미국도 한국에 이어 북한까지 미국의 아시아 태평양 전략에 포함하기를 원할 가능성이 있다. 북한이 핵무기와 장거리 미사일을 가진 군사 강국이 되었기 때문인 것도 있지만, 이를 빌미로 경제제재를 가하면서 북한을 협상 테이블로 끌어낼 수 있기 때문이다. 미국은 이미 북한과 직접 대화를 시작한 상태로 어떠한 결과가 나올지 누구도 예상하기 어렵다. 분명한 것은 또 다른 통일의 여건이 조성되고 있는 것이다.

2. 남북한 신(新)체제경쟁 시대 돌입

동유럽권이 붕괴되면서 냉전체제는 종식되었다. 당시 북한에서도 '고난의 행군'을 거치면서 수백만의 아사자가 나올 정도로 체제가 흔들렸다. 그러는 과정에서도 북한은 핵무기 개발 등 군사력을 키워 김정은 시대 접어들어 핵보유국으로서 국제무대에 새로운 모습으로 등장하였다. 2015년 초까지만 해도 우리가 '북한의 급변사태'에 대한 우려를 하고, 대응 시나리오를 준비했었다. 북한의 급변사태는 북한이 갑자기 붕괴할 것이라는 가정에서 출발했다. 위로부터의 체제변혁(Regime Change)이 일어나거나, 아래로부터 혁명이 일어날 것을 상정한 시나리오였다. 그러나 핵무기 보유국이 된 김정은 체제는 당초 예상과는 달리 시간이 지날수록 국제정치에서 주요 행위자(Player)로 자리 잡아가고 있다. 북한의 급변사태는 여전히 유효하지만, 그 가능성은 줄어들고 있는 것이다. 오히려 남한에서 체제 변화의 조짐을 보이고 있다. 자유민주주의 시장경제 체제에 대한 회의와 국론 분열, 한미동맹에 부정적 영향을 미치는 일련의 행위로 인한 군사력 약화 등은 우리가 예상하지 못했던 사태가 올지도 모른다는 우려를 낳고 있다.

북한 체제는 앞에서도 언급했듯이 정치사상적으로 똘똘 뭉쳐 있는 일사불란한 집단이다. 이는 국가전략을 일관되게 추진하기에는 남한보다 유리한 여건에 있는 것이다. 그리고 외부세계의 경제제재 정도로는 쉽게 붕괴되지 않을 내성(耐性)을 갖추고 있다. 그러나 남한 사회는 다원적 자유민주주의 체제로서 국론이 한 곳으로 모이기가 쉽지 않다. 이러한 상황은 북한의 선전선동에 취약할 수밖에 없다. 특히 오늘의 한국이 있기까지 한국전쟁, 산업화 과정 등을 체험하지 못한 세대가 국민의 다수를 차지하게 되면 더욱 그럴 것이다. 핵무기를 보유한 북한과 경제력이 우위인 남한이 2라운드 체제 경쟁에 돌입한 형국이다.

3. 통일을 다시 생각하다

3-1. 통일의 의미

우리에게 통일의 의미는 무엇인가? 한반도 통일은 남북으로 분단된 상황을 극복하여 민족공동체를 재구성하는 것이다. 그래서 통일은 지리적 통합, 체제와 제도의 단일화, 경제권 통합, 그리고 사회적·문화적 민족의 동질성을 회복하는 것을 의미한다. 지난 70년여간 분단되어 다른 체제에서 살아온 남북한이 하루아침에 하나의 이념과 동일한 제도로 통일된 국가를 만든다는 것은 사실상 불가능하다. 설사 만들어진다고 해도 남북한의 동질성 회복에는 상당한 시간이 걸릴 것이다. 왜냐하면, 비록 언어와 문화가 같다고 하더라도 2세대 이상을 다른 체제에서 살아왔기 때문이다. 다른 체제란 가치관과 제도 등이 다른 환경을 말한다. 이러한 다른 가치관과 제도는 앞에서 살펴본 바와 같이 모두 다른 사람으로 변화시킨다. 남한의 경우 자유와 인권이 보장된 사회에 익숙해져 있다. 반면, 북한의 경우 개인의 자유와 권리는 무시되고 집단적 이성만이 존재할 뿐이다. 그래서 설령 통일되어 제도가 하나가 되어도 가치관과 관습은 하루아침에 쉽게 바뀌지 않을 것이다. 거기에다 북한은 한반도 역사를 왜곡하고 학교 교육의 내용을 상당 부분 우리와 달리해 왔다. 탈북자 주영하 기자는 북한 사람들은 어릴 적부터 러시아와 중국의 역사나 문화를 배우고 이에 익숙해져 있지만, 미국의 독립선언과 남북전쟁에 대해서는 잘 모른다고 한다. 반대로 미국이나 서구 문화권의 영향 아래서 교육을 받은 한국인들의 가치관과 인식은 그들과 다를 수밖에 없다.

남북이 통일된 이후에도 그간 남북 간의 제도 차이와 경제적 격차로 인한 갈등은 동서독의 통일 교훈에서 이미 알고 있다. 독일은 우리보다 짧은 기간인 분단 44년 만에 통일이 되었지만, 통일 이후 지금까지도 동서독 사람들은 갈등을 겪고 있다. 서독 사람들은 동독인들을 게으르다는 의미로 '오시'(Ossi)라고 부르고, 동독 출신들은 서독 사람들을 오만하다고 '베시'(Wessi)라고 부르고 있다. 하물며 민족주의 의식이 강하게 남아 있는 북한 사람들이 외국인도 아닌 동족에게 받는 차별 대우는 견뎌내지 못할 것이다. 2008년 북경올림픽 개최에 즈음하여 중국에서 불기 시작한 '혐한'(嫌韓) 정서가 조선족들이 한국에서 받은 차별대우에서 시작되었다는 연구 결과는 타산지석(他山之石)이 될 것이다.

통일의 동질성 회복의 관건은 가치관과 이념을 하나로 하는 체제의 선택에 달려있었다. 남북 분단의 원인을 외세에서 찾거나 아니면 내적 요인에서 찾던 남북한이 70년 동안을 분단되어 다른 국가로 존재해 온 것은 체제가 달랐기 때문이다. 6.25 전쟁과 그간의 수많은 도발은 모두 체제경쟁 과정에서 나온 산물이었다. 그런데 최근 들어 우리 사회의 한편에는 체제문제를 도외시하고 민족을 앞세운 통일지상주의가 고개를 들고 있다. 진보·좌익 세력들이 그들이다. 이들 세력이 확산되면 될수록 통일 과정에서 체제 선택의 기준이 달라질 수 있다.

3-2. 통일에 대한 몇 가지 논란

최근 들어 통일의 당위성 논란이 다시 주목을 받고 있다. 통일 당위성은 왜(Why), 언제(When), 어떻게(How)로 나누어 접근할 필요가 있다. 먼저, '왜 통일해야 하는가?'와 관련된 학계의 담론은 3가지로 요약될 수 있다. 첫째, '민족주의 담론'은 혈통주의적인 종족(Ethnicity)에 바탕을 둔 공동체 복원을 위해 통일을 해야 한다는 주장이다. 단일민족으로서 역사, 문화, 언어 등을 공유하는 동일 민족은 당연히 통일되어야 한다는 인식이다. 둘째, '보편적 가치 담론'은 인류 보편적인 가치인 평화, 인권, 정의, 복지 등을 실현하기 위해 통일을 해야 한다는 주장이다. 셋째, '통일 편익 담론'은 정치적 안정과 경제적 상호보완으로 한국이 분단된 상태보다는 통일되었을 때 국력이 커진다는 주장이다. 경제적·실용주의적인 접근이다. 치열한 국제경쟁과 강대국들로 둘러싸인 지정학적 위상을 고려하면 지금보다 큰 국가를 만들 필요성이 있는 것이다.

다음으로는 '언제 통일해야 하는가?' 이다. 통일 시기와 관련된 논쟁도 3가지로 나눌 수 있다. 하나는 가능하면 빨리 통일되어야 한다는 주장과 다른 하나는 현재와 같이 분단된 상태로 상당 기간 유지하여 남북한 간 동질성이 충분히 회복되고 난 후 자연스럽게 통일을 이루자는 통일지연론이다.[61] 거기에다 최근에는 통일 불필요론도 대두되고 있다. 이대로 분단된 상태로 각자의 체제를 유지하자는 것이다. 분단의 시간이 길어질수록 후자 쪽으로 이동하는 경향을 보일 것이다. 물론, 통일 시기 결정이 외세의 개입 없이 남북한이 결정할 수 있을 때 이야기다.

마지막으로 통일을 '어떻게 해야 하느냐?'의 문제는 결국 체제의 선택이다. 통일의 본질적인 문제이기도 하고, 가장 중요한 과제이다. 그래서 이해관계가 첨예하게 대립하고 접근법도 다르게 나타난다. 남북한이 각각의 통일 노선과 정책이

---

61) 국제정치학자 김영호 교수의 '분리를 통한 통일전략'이 대표적인 예이다. 그는 남북이 각각 정상국가로 지내다 동질성이 회복되면 자연스럽게 통일하자는 주장을 편다.

존재하고, 합의를 이루기가 지극히 어려운 부분이기도 하다. 여기에 대해서는 후술하고자 한다. 이와 함께 통일의 절차상 문제에서도 남북한의 접근 방식이 다르다. 통일 과정은 기본 적으로 민족의 의사가 충분하고 정확하게 반영된 민주적 방 식이어야 한다. 남한의 통일 추진 주체와 범위는 특정 계층 이나 계급을 대상으로 하는 것이 아니라, 재외동포를 포함한 남북한에 거주하는 모든 사람이다. 그러나 북한의 통일 개념 은 남한의 노동자 농민을 혁명을 통해 해방하여 프롤레타리 아 독재 체제를 이루는 것이기 때문에 혁명의 주체는 노동자 농민의 계급 세력이 주동이 되고, 그 외의 구성원은 반통일 세력으로 통일 범주에 들지 못한다.

3-3. 통일의 주된 고려 사항

3-3-1. 이념과 체제

남북한 분단은 자의적이든 타의적이든 결국은 이념과 체제 의 선택을 달리했기 때문에 생긴 것이다. 한국은 정치적으로 는 자유민주주의 체제이고 경제적으로는 시장경제 자본주의 체제다. 그러나 북한의 정치체제는 사회주의(공산주의) 체제 이고 경제적으로는 중앙계획경제 체제이다. 그래서 이념과 체제문제를 근본적으로 극복하지 않고는 통일은 불가능할 뿐 만 아니라 의미도 없다. 물과 기름을 섞는 격이다. 남북한은 헌법에서 체제를 분명히 규정하고 있다. 대한민국 헌법 제1조는 '대한민국은 민주공화국이다. 대한민국의 주권은 국민에게 있고, 모든 권력은 국민으로부터 나온다.'라고 명시해놓았다. 반면, 북한 헌법 제1조는 '조선민주주의인민공화국은 전체조선인민의 리익을 대표하는 자주적인 사회주의 국가이다.'라고 규정하고 있다.62)

남한은 누구나 할 것 없이 자유와 평등한 권리를 가진 '국민'이 위임한 권력을 바탕으로 세워진 국가이다. 그러나 북한은 헌법 제4조에서 '조선민주주의인민공화국의 주권은 로동자, 농민, 군인, 근로인테리를 비롯한 근로인민에게 있다.'라고 하며 이들 인민이 세운 나라다. 북한 헌법 제63조는 '하나는 전체를 위하여, 전체는 하나를 위하여'라고 규정하고 있는 집단주의적 전체주의 국가임을 선포하고 있다. 어떤 인민도 개인으로 자격은 인정되지 않고 '집단속에서 개체'로 인정받는 것이다. 개인에게 자유와 권리가 부여되지 않는 체제이다.

---

62) 남북한이 이념과 가치, 체제가 완전히 다름에도 불구하고 모두 '민주주의' 체제임을 표방하고 있다. 남한이 민주주의라고 하는 것은 '자유민주주의'이다. 우리 통일교육원은 "자유민주주의는 인간 개개인의 존엄성을 최고의 가치로 존중하는 정치 이념이다."라고 한다. 반면, 북한에서 사용되는 민주주의에 대해 북한 김일성은 "민주주의란 근로인민대중의 의사를 집대성한 정치이다. 국가가 로동자, 농민을 비롯한 광범한 근로인민들의 의사에 따라 정책을 세우고 인민대중의 리익에 맞게 그것을 관철하며 근로인민대중에게 참다운 자유와 권리, 행복한 생활을 실질적으로 보장해주는 것이 바로 민주주의이다."라고 했다.

그래서 통일에서 근본적인 고려 사항은 이념과 체제를 어떻게 할 것인가에 달려있다.

3-3-2. 주변국 이해관계

통일에는 국제정치적 상황도 고려해야 한다. 분단에서부터 그랬지만, 통일도 강대국들의 이해관계가 얽혀 있기 때문이다. 그래서 통일 문제는 우리 내부의 문제이기도 하지만 국제적인 문제이기도 하다. 한반도 통일과 관련하여 이해관계가 큰 주변국은 미국, 중국, 일본, 러시아다. 미국의 경우 해방 이후 미군정의 시기와 한국전쟁 당시 주요 참전국으로 약 5만 명의 사망자를 낸 혈맹이다. 그리고 한미동맹을 유지하면서 군사적으로나 경제·사회적으로 한국과는 최대 이해 당사국이다. 미국으로서는 한국이 지정학적으로 아시아태평양 지역의 전초기지로서의 의미가 있을 뿐만 아니라, 자유민주주의 시장경제의 가치를 실현해 기적적인 경제발전을 이룬 대표적인 가치동맹의 성공사례(Show-case)의 국가다. 최근 트럼프 행정부는 북한의 핵과 장거리미사일 개발을 억지하는 방편으로 북한을 협상 테이블로 끌어내어 협상하고 있고, 그 과정에서 미국의 국익이 북한에도 어떻게 반영될지는 아직 미지수다. 남북한의 통일도 미국의 큰 그림 속에 함께 고려될 수도 있다.

중국은 한반도를 '순망치한'(脣亡齒寒)의 역할로 여긴다. 지정학적으로나 역사적으로 한반도는 중국과 국경을 맞대고 있는 변방으로 외풍으로부터 자국을 보호해주는 지역으로 생각하고 있다. 한국전 참전도 중국의 이러한 국가이익을 지키기 위해서였다. 중국은 자국이 대국으로 완전히 굴기하기 전까지는 한반도에서 전쟁 등 분쟁이 일어나는 것을 절대 원하지 않는다. 더욱이 북한이 사회주의 형제국가로 계속 남아있어야 중국 자체의 사회주의 정체성을 유지해 나가는 데도 유리하게 작용하기 때문이다. 이러한 중국으로서는 남한에서 미국의 영향력을 줄여나가기 위해 부단하게 노력할 수밖에 없다. 한반도 통일 문제도 중국 자국의 국가이익에 어떻게 부합하느냐에 달린 것이다.

일본은 한반도 통일에서 얻는 국익 보다 분단 상태로 현상 유지되는 것이 자국의 안보 이익에 도움 된다고 판단할 것이다. 어떤 형태로든 통일된 한반도는 인구 면에서나 군사력 면에 일본으로서는 이웃 국가로 두기에는 부담이 될 것이기 때문이다. 특히 남북한이 핵보유국으로 되는 상황에서는 더욱 그러할 것이다.

러시아는 주변 4강 중 한반도 통일에 대해서는 가장 관심이 낮고, 자신들의 표현에 의하면 중립적이다. 그러나 북한 정권이 소련 스탈린에 의해 탄생했고, 지리적으로 북한과 인접해있기 때문에 중립적이라는 것은 합당하지 않다. 항상 그랬듯이 러시아는 국제문제에서 먼저 나서지 않을 뿐이다. 통일 문제가 본격적으로 논의되면 본심을 드러낼 것이다. 그 이전까지는 이념적으로는 북한, 경제적으로는 남한과 관계를 유지해 나갈 것이다.

3-3-3. 국력

1) 인구와 인적 자원

국력은 인구의 크기와도 관계가 있다. 남북한 인구의 차이는 2016년 기준 남한 인구 5,124만 명, 북한 인구 2,489만 명으로 총 7,613만 명으로 나타났다. 이를 기준으로 하면 북한 인구는 남한의 절반에도 못 미치는 48.5%에 불과하다. 양적인 인구의 수와 별도로 남한에는 개방사회로서 경쟁을 통해 세계 정상급 우수한 인력들이 많다. 한국인들에게 있는 교육열이 국가 발전에 필요한 고급 인재 양성의 토양이 된 것이다. 세계 10위권에 들어갈 정도로 국력을 키울 수 있었던 것은 인재들이 각 부문에 포진한 결과이다. 이들이 있었기에 동족상잔인 6.25 전쟁으로 폐허가 된 이 나라를 50년 만에 선진국 대열에 올려놓았다. 이는 정부와 기업이 합작으로 길

러온 고급기술 인력들이 역할을 하고 있음을 말한다. 한국 대기업들의 인재제일주의 사상이나 정부의 해외 선진국 유학의 길을 열어준 정책이 이를 뒷받침했다. 이러한 국가인력풀 (Human Resource Pool)은 앞으로 통일 한국을 이끌어갈 큰 자산이 될 것이다.

2) 경제력

남북한의 경제력은 시기에 따라 달리 나타난다. 북한의 경우 초기에는 일제(日帝)로부터 이전된 산업자본과 풍부한 천연자원을 이용한 계획경제가 작동하여 중공업 중심으로 빠른 속도로 발전했다. 그 자신감으로 한국전쟁을 일으킬 수 있었다. 그 후에도 소련 등 사회주의 경제권과의 교역을 통해 1970년대까지는 북한의 경제 상황이 좋았다. 그러나 시간이 지나면서 비효율적인 중앙계획경제의 한계점이 노출되기 시작했고, 1980년대부터 시작하여 1990년대 접어들면서 북한 경제는 침체기로 접어들었다. 자력갱생을 경제 기조로 삼아 온 북한은 1990년대 후반 동유럽권의 붕괴로 구상무역 마저 불가능해 지면서 더욱 힘들어졌고, 최근까지 무력 도발로 인한 경제제재가 겹쳐 고전을 면치 못하고 있다.

이에 반해 한국은 해방 이후 이승만 정권 당시 정치적 혼란기가 있었지만, 박정희 대통령 취임 이후 경제개발 5개년 계획을 수립하여 체계적이고 효율적인 성장전략을 추진했다. 특히 수출주도형 경제개발로 경제성장의 외연을 넓혀 나갔다. 북한이 초기부터 군수산업 중심의 중공업 위주의 경제발전 전략이 실패한 것과는 달리, 한국은 초기에 임가공 경공업 중심에서 출발하여 점차 중공업 부문으로 산업전략을 바꾼 것도 국가발전전략 측면에서 적절했다. 보다 근본적으로 남북한 간 경제력의 차이는 발전전략에서 개인의 창의성과 동기부여에 따른 의욕이 넘치는 '시장'을 작동하게 했느냐, 아니면 국가가 주도적으로 관여하는 '계획'이 제대로 작동되었느냐에 따라 판가름이 났다.

현재 북한의 경제력은 우리나라의 1970년대 수준에 머물고 있다. 이는 같은 사회주의 길을 걸어왔던 중국, 베트남보다 낮은 수준으로 아시아 국가 중 방글라데시, 미얀마 수준이다. 2017년도 기준으로 보면, 북한의 국민총소득(GNI, 명목)은 남한의 47분의 1의 수준(북한 36조 6,310억 원, 남한 1,730조 4,614억 원)이다. 1인당 소득은 남한의 23분의 1 수준(북한 146만 원, 남한의 3,364만 원)으로 나타나 있다. 북한의 무역 총액은 남한의 190분의 1 수준(북한 55억 5천만 달러, 남한의 1조 521억 7,300만 달러)이고, 전력생산량은 24분의 1 수준(북한 235억 kWh, 남한 5,535억 kWh)으로 나타났다. 북한은 인구의 3분의 1 정도가 농업에 종사하고 있으나 쌀 생산량은 219만 톤으로 남한의 397만 톤과 비교해 절반가량이다. 그래서 만성적인 식량난에 허덕인다.

3) 군사력

여기서 '군사력'이란 좁은 의미로 '군대의 무장력'에 한정한다. 총력전에서 말하는 인구, 국토의 크기, 경제력 등을 제외한 순수 군 무력의 양과 질만을 고려한 것이다. 즉 국방비 규모, 현역 및 예비군의 수, 재래식 무기(전차, 대포, 잠수함, 전투함, 전투기), 그리고 핵무기 등을 비교 기준으로 삼는다. 종합 군사력을 비교하면, 2016년 기준 북한의 종합지수가 53.0이고 한국이 49.6으로 북한이 우세한 것으로 나타났다.[63] 한국이 국방비에서만 북한보다 많을 뿐, 나머지 군사력은 북한이 우세하다. 재래식 무기분야에서 한국의 신예 무기의 질이 북한에 앞서고는 있지만, 전투함을 제외한 북한의 재래식 무기 대부분이 적어도 양적인 면에서는 한국을 앞서고 있다. 현역 군인도 한국이 약 60만 명인 반면 북한은 130만 명에 이른다. 북한의 비대칭 전력인 핵무기까지 고려하면 북한의

---

63) 황성돈 외, 『종합국력: 국가전략기획을 위한 기초자료』, 서울: 다산출판사, 2016, p.67. 재인용.

군사력은 한국보다 우세하다. 북한은 이미 핵무기와 장거리 미사일 개발에 성공했다. 연구소마다 다소 차이가 있지만, 우리 통일부 장관의 발표에 따르면 2018년 10월 1일 현재 북한은 20~60개의 핵무기를 보유하고 있는 것으로 알려졌다. 또한, 미국 본토에 이를 수 있는 장거리 미사일과 잠수함발사탄도미사일(SLBM), 신형단거리 미사일까지 개발에 박차를 가하는 북한 군사력은 한국군의 군사력을 능가한다는 것이 군사전문가들의 평가다.

4. 고려연방제에 대하여

4-1. 남조선 혁명과 고려연방제

북한이 원하는 남조선 공산화 통일 방법으로는 평화적인 방법과 무력적 방법을 설정해 놓고 선택적·단계적으로 접근하고 있다. 이것이 공산주의자들의 '화전양면'(和戰兩面)전술이다. 평화적인 방법은 남한의 정권을 '인민정권'이라는 연공(聯共)정권을 만들어 북한과 합작 또는 흡수하여 통일을 이루는 것이다. '연공정권'이라 함은 친북적이고 좌경화된 정권을 말한다. 이를 그들은 인민정권 또는 민주연합정권이라고 한다. 이를 위해 지속적 대남 심리전 공작을 통해 친공(親共)분위기를 조성하면서 한편으로는 반공민주체제를 전복시키고 좌익세력들을 중심으로 정권을 세우고자 한다. 비평화적인 방법은 평화적 접근으로 결정적인 시기가 오면 무력으로 남조선을 해방하고 공산혁명을 완수하는 것을 말한다. 김일성의 "혁명정세가 성숙하고 혁명적 대사변의 계기가 다가왔음에도 불구하고 파괴와 인명의 피해가 두려워 가만히 있거나 전쟁을 회피한다면 그것은 공산주의 태도가 아니다."라고 한 것은 이를 뒷받침하고 있다. 6.25 전쟁이 그들의 판단에 의하면 남조선 공산혁명을 무력적 방법으로 이룰 수 있다고 판단한 대표적인 사례다. 평화적, 비평화적 남조선 혁명 전략은 아직도 유효하다.

북한의 '고려연방제'(고려민주연방공화국창립방안)는 '하나의 민족, 하나의 국가, 두 개의 제도, 두 개의 정부'를 구성하자는 제안이다. 고려연방제는 김일성이 제안한 통일방안으로 지금까지 이어 오고 있다. 1960년 8월 14일 북한은 과도적 통일방안으로 '연방제'를 최초 제시했다. 그러다 1980년 10월 노동당 제6차 대회에서 김일성은 다시 '고려연방제'를 제시한다. 이는 과도적이 아닌 완성된 통일 국가 형태로서의 연방제, 즉 '고려민주연방공화국'64)을 통일방안으로 제시한 것

---

64) 북한은 고려민주연방공화국 창립 방안을 제시하면서 '민주'라는 용어를 삽입한 것은 남북한이 민주주의를 지향하기 때문이라고 하나, '민'

이다. 북한의 연방제는 남북한의 사상과 제도를 인정하고 남북이 같이 참가하는 민족 통일 국가를 세우고, 그 밑에 남북이 동일한 권한과 의무를 지니는 각각의 자치제를 시행하는 연방공화국을 세워 통일을 이루겠다는 것이다. 이는 남과 북이 서로의 사상과 체제, 제도를 그대로 인정하고 용인하는 기초 위에서 남과 북이 동등하게 참가하는 민족통일 국가를 만들고 그 밑에서 남과 북이 같은 권한과 의무를 지닌 각각의 '지역자치제'를 실시하는 연방공화국을 창립하여 통일하자는 것이다. 연방국가에는 남과 북의 같은 수의 대표들로 구성되는 '최고민족연방회의'를 구성하고, 상설 기구로 '연방상설위원회'를 조직하여 남과 북의 지역 정부를 지도하고 연방국가의 전반적인 업무를 담당하도록 한다는 것이다.

고려연방제는 2000년 김대중-김정일 평양정상회담에서 합의한 6.15 남북공동선언에서 '낮은 단계 연방제'[65]로 약간 수정되었다. 낮은 단계 연방제는 북한이 원래 제안한 고려연방제를 각각의 지역자치정부가 군사·외교 분야의 재량권을 더

의 실체가 국민이 아니고 인민을 의미하는 용어혼란 전술에 불과하다.

65) '낮은 단계 연방제'는 김일성이 1980년 10월 10일 제안한 '고려민주연방공화국창립방안'을 수정한 것으로, 1991년 1월 1일 신년사에서 남북한 지역정부에 외교·군사권을 더 많이 부여하는 것을 골자로 하는 '느슨한 연방제'를 말한다. 고려연방제 추진을 위한 전략적인 양보 조치로 보인다.

갖자는 것이다. 그러나 어떠한 연방제로 가든지 결국에는 연방국가의 지도자(대통령)를 국민투표로 선출하게 될 것이고, 그럴 경우 북한의 인구가 비록 남한의 절반 정도밖에 되지 않지만, 단일대오의 주체사상으로 뭉쳐진 유권자와 남한의 각양각색의 다양한 사상과 정치노선을 지향하는 유권자와의 대결에서 우리의 체제인 자유민주주의 지도자가 선출된다는 보장은 없는 것이다.

4-2. 고려연방제의 문제점

첫째, 북한이 제안하는 고려민주연방공화국은 창설에서 부터 '선결조건'이 있다. 그 내용은 ① 주한미군철수 ② 정전협정을 평화협정으로 변경 ③ 국가보안법 철폐 ④ 공산당 합법화 및 공산주의 활동의 자유 보장 ⑤ 대한민국의 반공정부 퇴진 및 모든 정당, 사회단체 해산 등이다. 이는 전형적인 북한의 남한 공산화를 위한 유리한 여건을 만들어 나가겠다는 것이다.

둘째, 그리고 연방공화국이 수립되고 나면 '10대시정방침'에 따라 국가를 운영할 것을 제안하고 있다. 남과 북이 합의하여 연방공화국을 수립한 이후에 만들어져야 할 시정방침을 그들의 입맛에 맞게 미리 준비해 놓고 있다. 그중에서 경계해야 할 것은 ① 경제적 합작과 교류를 실시하여 민족경제를 자주적으로 발전, ② 민족 연합군을 조직하여 외래 침략으로부터 민족 보위, ③ 두 정부의 대외활동의 통일적 조정이다. ①항과 관련하여 북한의 주장대로 시장경제와 계획경제가 '경제적 합작'이 과연 실현될 수 있을지 의문이다. 사유재산권을 바탕으로 발전해온 한국의 경제와 공유재산제의 북한경제를 그대로 두고 합작은 현실적으로 불가능하다. 한국이 사유재산제도를 폐지하든지, 북한이 사유재산권을 완전히 허용하든지 해야 가능할 것이다. 또한, 임금 격차가 큰 남북한 근로자들의 상호 교류에서 오는 혼란도 있을 것이 분명해 보인다. ②항과 관련하여 연합군을 조직하는 문제에서 북한이 핵보유국으로서 군사 강국이 된 이상 연합군의 지휘권은 당연히 북한에 돌아갈 것이고, '낮은 단계 연방제' 합의대로 각각 지역 정부에 자치권을 준다고 해도 핵을 가진 북한에 주도권을 뺏길 것은 분명하다. 군사안보 문제와 연장선에서 대외 외교 활동에서도 남한의 영향력은 위축될 수밖에 없는 것이다.

셋째, 과도기적이기는 하나 고려연방제 통일방안이 절차상으로도 우리에게 좋은 대안이 될 수 없다. 앞에서도 언급했듯이 북한의 고려연방제에 의하면 연방국가에 '최고민족연방회의'를 구성하고 상설 기구로 '연방상설위원회'를 구성하여 모든 중요한 국가적 사안을 다루도록 하고 있다. 그간 남북한 간 대화나 협력 경험에 비추어 볼 때, 회의체나 위원회 구성원을 선정할 때 북한의 입맛에 맞는 사람들로 구성하려고 할 것이고, 설사 인구 비례로 선정한다고 하더라도 남한의 진보적 성향의 인사들이 포함될 경우 자유민주주의 체제를 제대로 대변할지 의문이다. 고려연방제에도 '악마는 디테일에 있는 것이다.'

넷째, 정치체제의 차이에서 오는 혼란과 비효율성을 극복하기가 쉽지 않을 것이다. 비록 2체제(제도)를 용인한다고 하더라도 연방공화국 운영 과정에서 나타나는 마찰은 피할 수 없을 것이다. 우선 권력구조에서 남한은 다당제로 국정이 운영되고 있어 다양한 의견들이 나올 수 있는 데 반해, 북한은 노동당 일당이 국정을 완전히 장악하여 일률적으로 통치되고 있어 국정 운영의 형식과 절차가 달라 상당한 마찰을 피치 못할 것이다. 그리고 지방자치 수준과 관련하여 남한은 이미 선진국 수준의 지방자치가 이뤄지고 있다. 그러나 북한은 철저한 중앙집권적 통치를 하고 있어 만약 연방국가가 되면 북한은 전체가 단일 지역정부로서의 대표성을 갖지만, 남한은 중앙정부와 지방자치단체와의 알력도 나타날 것으로 보인다.

남북한이 분단된 이유가 체제와 제도 때문이었고, 그 이후 70년 이상 각자 다른 제도를 운용해 온 상황에서 2체제를 그대로 두고 하나의 연방국가 형태로 운영할 수 있겠는가? 관념적으로는 자유민주주의와 사회주의가 상존할 수 있다. 그러나 현실적으로는 사상과 이념을 달리하는 두 체제가 공존하는 것은 불가능하다. 역사적으로도 다른 정치 이념과 제도를 그대로 두고 연방국가를 형성한 사례는 없다. 미국, 소련 등 국가들도 연방제를 채택하기는 하지만 정치체제와 제도는 하나로 되어 있다. 그런데 고려연방제는 같은 민족이라는 이유로 2개의 체제가 공존할 수 있다고 판단하는 것은 비현실적이다. 얼마 전 홍콩 사태는 중국의 '1국 2체제' 정책의 실패를 보여주는 것이다.

5. 새벽같이 찾아올 통일

민족의 염원인 통일은 빠를수록 좋겠지만 그렇다고 신중하지 못한 통일은 오히려 또 다른 재앙을 가져올 수도 있다. 그래서 '통일은 언제 하는가?', '어떻게 통일되어야 하는가?'에 대한 기본적인 문제를 고민해야 한다.

먼저 통일 시기와 관련해서 그 시기는 누구도 장담하지 못한다. 통일은 상대가 있고 주변국의 이해관계에 따라 결정될 가능성이 크기 때문에 전혀 예상치 못한 상황에서 어느 날 갑자기 찾아올 가능성이 있다. 역설적이지만, 이러한 상황을 대비하여 미리 준비하는 것이 최상의 방책이다. 지금 시점에서 우리가 상황을 관리 한다면, 현재의 남북한 관계나 미중 패권경쟁 등 주변 정세를 고려하면 통일의 시기는 당분간 서두르지 않는 것이 좋을 것 같다. 왜냐하면, 북한이 비핵화를 하지 않고 결국 핵보유국으로 인정되면 북한의 대남 전략이 바뀔 것으로 보이기 때문이다. 심지어 핵보유국 이전에 그들이 제시한 고려연방제도 그들에게 더 유리한 방향으로 수정될지 모른다. 또한, 미중 패권경쟁이 한창이고 어느 방향으로 정리될지 지금으로는 예측하기가 어렵다. 물론 대한민국으로서는 자유민주주의 체제의 가치를 공유하는 미국에 유리한 방향으로 전개되기를 바랄 뿐이다. 그리고 지금 우리 국내 사정도 좌우 이념 대립이 최근 들어 첨예하게 표출되고 있다. 이런 상황에서는 국민들이 냉정한 판단을 하기가 어렵다. 이러한 몇 가지 중요한 불확실성이 어느 정도 해소된 다음에 신중하게 통일 논의를 하고, 추진하는 것이 바람직할 것이다.

'어떻게 통일되어야 하는가?'라는 문제와 관련해서는 두 가지에 대한 결정과 선택이 이뤄져야 한다. 하나는 북한의 봉건왕조 체제가 종언(終焉)되어야 한다는 것, 다른 하나는 이념과 체제의 바른 선택이다. 전자는 한반도 통일에서 가장 큰 현실적인 걸림돌은 시대에 맞지 않는 권력세습으로 이어 오는 북한의 봉건적 김일성 가문의 왕조체제다. 북한이 개혁 개방으로 나오기를 꺼리는 것이나, 핵무기를 포기하지 않는 것은 백두혈통으로 이어 오는 권력에 집착하기 때문이다. 북한이 정치적으로 다원적 민주주의로 당장 변화되지 못하더라도 적어도 중국과 같이 노동당 일당독재의 집단지도체제로 가면서, 경제체제는 개방적이고 포용적으로 나아갈 수 있을 것이다. 이렇게 되면 인민들의 삶도 개선되고, 정치적으로도 유연성이 생길 것이다.

그리고 또 하나는 남북 분단의 가장 큰 원인이 이념과 체제의 선택에 있었기 때문에 통일의 전제도 체제의 현명한 선택이 전제되어야 한다. 여기서 남북한의 현행 헌법에 나타나 있는 통일 원칙을 보면, 대한민국 헌법 제4조는 '대한민국은 통일을 지향하며, 자유민주적 기본질서에 입각한 평화적 통일 정책을 수립하고 이를 추진한다.'라고 되어있다. 하지만 북한 헌법 제9조는 '조선민주주의인민공화국은 북반부에서 인민정권을 강화하고 사상, 기술, 문화의 3대 혁명을 힘 있게 벌려 사회주의의 완전한 승리를 이룩하며 자주, 평화통일, 민

족대단결의 원칙에서 조국통일을 실현하기 위하여 투쟁한다.'
라고 되어있다. 즉, 남한은 '자유민주적 기본질서', 북한은
'사회주의 완전한 승리'로 되어 있어 현행 헌법으로는 어느
한 체제로 통합할 수 없게 되어 있다.

그래서 통일에서 체제 선택의 기준은 남북한 국민 모두에
게 자유를 보장하고 풍요로움을 가져오게 하는 정치체제와
경제제도를 지향(指向)해야 한다. 세계적으로도 자유민주주의
시장경제 체제와 공산주의 계획경제의 경쟁은 이미 그 승패
가 결정 났다. 소련을 위시한 동유럽권은 붕괴하였고, 그 후
러시아, 중국, 베트남 등도 시장경제를 받아들이는 체제전환
의 길을 걸어오고 있다. 그러나 북한은 오히려 이들 공산주
의 국가들과 차별성을 강조하면서 체제유지에 급급해하고 있
다. 인류 보편적인 인권과 복지 등 인간의 삶을 기준으로 볼
때 북한은 이미 '실패한 국가'(Failed State)로 평가받고 있다.
그래서 통일은 경제적 발전과 민주주의를 모두 성취한 대한
민국 체제의 연장 선상에서 이뤄져야 한다.

바람직한 시나리오는 북한이 그들의 체제를 고집할 것이
아니라 점차 수정해나가는 것이다. 우선 경제체제에서부터
남북한 체제의 차이를 줄여나가는 것이 현실적 대안이다. 북

한도 이미 그 방향으로 변해가고 있다. 북한의 통치 수단이었던 배급제가 중단된 지 오래되었고, 또한 인터넷 시대에 북한 주민들도 외부 정보에 쉽게 접근할 수 있어 의식에 큰 변화가 일어나고 있다. '장마당'이 전국적으로 확산하고 있고, 이를 중심으로 정보가 유통되고 의식화가 일어나고 있다. 즉, 북한도 정권의 의도와는 달리 이미 체제전환의 환경이 만들어지는 과정에 있다.

결론적으로 통일을 위해서 가장 핵심적으로 고려할 사항은 체제의 선택이다. 이를 도외시하거나 그대로 두고 통일이 될 경우, 그 어떤 형식이든 큰 혼란으로 이어질 가능성이 크다. 자유민주주의 체제와 전체주의는 완전히 이질적인 정치체제로서 혼합될 수 없어 시간이 걸리더라도 어느 한 체제를 선택해야 한다. 어정쩡한 체제로 통일하면 정치, 경제, 외교 등 모든 부문에서 불일치와 불협화음으로 혼란을 초래하게 되어 결국 실패하게 될 가능성이 크다. 그래서 민족의 염원인 통일은 서두르기보다는 남북한이 동질성을 상당히 회복한 후 하나의 체제와 제도, 즉 자유민주주의와 시장경제체제로 이뤄지는 것이 인류 문명사의 흐름에 순응하고 우리 민족의 번영이 보장되는 길이다. 결국, 통일은 체제의 선택이다.

참고문헌

1. 국내문헌

(1) 단행본

김충남, 『대통령과 국가경영』, 서울: 서울대학교 출판부, 2006.

김태희(역), 『괴벨스의 대중 선동의 심리학』, 서울: 교양인, 2006.

노재봉(외), 『정치학적 대화』, 서울: 성신여자대학교 출판부, 2015.

민경국, 『자유민주주의란 무엇인가?』, 서울: 백년동안, 2015.

민족화해협력범국민회의 정책위원회, 『김정은 체제 5년, 북한을 진단한다.』, 서울: 늘푸름, 2017.

복거일·장원재 외, 『자유주의, 전체주의 그리고 예술』, 서울: 경덕출판사, 2007.

서상문, 『혁명 러시아와 중국 공산당 1917-1923』, 서울: 백산서당, 2008.

안데쉬 오슬룬드(이웅현, 윤영미 역), 『러시아의 자본주의 혁명』, 서울: 전략과 문화, 2010.

양문수(편), 『김정은 시대의 경제와 사회』, 북한연구학회, 한울, 2014.

이상우, 『북한정치: 신정체제의 진화와 작동원리』, 서울: 나남, 2008.

이종인(역), 『파블로프』, 서울: 시공사, 2000.

이진우·박미애(역), 『전체주의의 기원 2』, 서울: 한길사, 2006.

전우현, 『가짜 민족주의, 진짜 민족주의』, 서울: 동방문화사, 2014.

정성장·백학순, 『김정일 정권의 생존 전략』, 서울: 세종연구소, 2003.

주성하, 『서울과 평양 사이』, 서울: 도서출판 기파랑, 2017.

최용철(역), 『인간 본성에 관한 10가지 철학적 성찰』, 서울: 자작나무, 1996.

황성돈 외, 『종합국력: 국가전략기획을 위한 기초자료』, 서울: 다산출판사, 2016.

황장엽, 『북한 민주화와 민주주의적 전략』, 서울: 시대정신, 2008.

(2) 논문 등

서재진, 「김정일시대 통치이념의 변화(상)-주체사상에서 강성대국으로」『통일로」 통권 166호, 안보문제연구원, 2002.

손한기, 「중국의 헌법개정-2018년 중국헌법개정의 주요 내용과 그에 대한 평가를 중심으로」, 『법학논고 제61집』, 경북대학교 법학연구원, 2018.

안희창, 「김정은시대 사회통제 특징」, 동국대학교 박사학위논문, 2014.

이문기, 「중국의 기층선거: 민주주의인가 선거 권위주의인가」, 서울: 미래전략연구원, 2013.

이민자, 「중국의 언론/표현의 자유」, 『성균차이나브리프』, 제5권 제4호(통권 45호), 2017.

조성환, 「통일론의 비판적 지식사회론: 민족 패러다임의 비판적 인식」, 『동양정치사상사』 제3권 1호, 2004.

한승호, 「북한 사회주의 정치체제(political system)와 통치담론의 지속성」, 『통일과 법률』, 통권 제7호, 평화문제연구소, 2011.

2. 해외문헌

Arendt, Hannah, 『The Origins of Totalitarianism』, New York: A Harvest Book, 1968.

Brooker, Paul, 『Twentieth-Century dictatorships: the ideological one-party states』, Houndmills: Macmillan, 1995.

Hayek, F. A., 『The Road to Serfdom』, Chicago: The Univ. of Chicago, 1972.

Hoffer, Eric, 『The True Believer: thoughts on the nature of mass movements』, New York: Harper & Row, Publishers, Inc., 1989.

Friedrich Carl J. and Brzezinski Zbigniew K., 『Totalitarian Dictatorship and Autocracy』, New York: Frederick A. Paeger Inc. Publisher, 1961.

Lankov, Andrei, "The real North Korean life and politics in the failed Stalinist utopia", Oxford: Oxford Univ. Press, 2013.

Orwell George, 『1984』, New York: Penguin Group Inc., 1977.

Mommsen Margareta, 이윤주 옮김, The Putin Syndicate, 2019.

Saxonberg Steven, "Transitions and Non-Transitions from Communism", Cambridge: Cambridge Univ. press, 2013.

3. 각국 헌법 자료 등

한국, 『대한민국헌법』, 1987.
북한, 『조선민주주의인민공화국 사회주의헌법』, 2012.
북한, 『로동당 규약』, 1980.
북한, 『로동신문』 등
북한, 『김일성저작집』, 조선로동당출판사, 1990.
북한, 『김정일선집』, 조선로동당출판사, 2013.
중국, 『1954년 헌법』

이기우(李基雨)

연세대 행정학과 졸업
서울대 행정대학원 졸업
미국 Syracuse University 대학원 졸업
경기대 정치전문대학원 졸업(정치학 박사)

행정고등고시 19회
국방부, 공보처 근무
대통령비서실 근무
駐토론토, 駐샌프란시스코, 駐뉴욕 총영사관 근무
駐러시아 한국대사관 근무
駐미국 한국대사관 근무
駐브라질 한국대사관 근무
駐중국 한국대사관 근무
아주대 국제대학원 초빙교수
언론중재위원
그랜드코리아레저 대표이사

통일은 체제의 선택이다

초판인쇄 2020년 5월 14일
초판발행 2020년 5월 14일

지은이 이기우
펴낸이 채종준
펴낸곳 한국학술정보㈜
주소 경기도 파주시 회동길 230(문발동)
전화 031) 908-3181(대표)
팩스 031) 908-3189
홈페이지 http://ebook.kstudy.com
전자우편 출판사업부 publish@kstudy.com
등록 제일산-115호(2000. 6. 19)

ISBN 978-89-268-9932-8 13340